中國宗教思想史大綱

王治心編著

中華書局

陳序

我們研究中國學術思想的時候，常常感到本國的記載，雖然不少，但大都是斷片的；又往往缺乏系統與組織。以致治學的人，每苦於漫無頭緒，不易入手；甚或費時費力，猶得不著一個明晰的知識。近年整理國故呼聲起後，一般學者，應用新的方法和新的眼光來探討，纔有了彰明的成績。別的不及細數，即如中國宗教思想素來視為混淆難理的；現在也有王治心先生的新著，出現於學林了。

他這一部中國宗教思想史，係實貫串今古，作綜合的系統研究，一掃從前某宗某派零碎記述的缺點，而又能馭繁就簡，綱舉目張，來說明歷史的演化，使我們翻閱一遍，便可了然於中國宗教思想的大概情形，這是一部新的有價值的著作。

原來宗教思想的初期，世界各民則互相類似，不過大同小異罷了。以後民智發展，文化進步，個民族因其所處的環境相殊，宗教思想乃漸漸愈趨愈遠，所以形成世界上種種不同的宗教。這種種不同的宗教，各有他演進的歷史的背景，若不從歷史上研究一番，是難得於得著他的真相的。例如我國，素有非宗教國家之稱，同時卻又是多宗教國家，如此矛盾的現象，照表面上難，似乎可怪，若從事於思想歷史的考察，就會爽然知道他並非矛盾，而且有必然的理由存仕著。

除卻外來宗教，中國固有的宗教思想發展的經過，大概可約分為三個時期：

一　神與人異的時期

二　神人相似的時期

三　人擬神的時期

在第一時期是幼稚的宗教思想，可說是純是迷信時期，所表現的如日月風雨，雷電山川，動物植物……等崇拜，均非人類的神，神的行為也與人絕不相似。我們在古籍上及世界初民宗教思想上，得到很多的證據，此處不俟列舉了。

第二十期便進步一點，所崇拜諸神，居然有人的性質；固然，以前崇拜之神之屬於自然界、動物界、植物界的，仍然大都保存著，但是對於這些神們，卻已重新估定加上人的成分，如諸神的等級，職權和行為，逐漸明顯而趨於固定，與前所崇拜的神，形似而實非，名同而義別；因為諸神經過選擇及粉飾的手續，便以人格化了。

到第三時期，思想愈有新的變化，往日把高高在上的神與芸芸在下的人，視為只有關係而不容易位以處的，現在竟以人升而為神，加以崇拜起來，所謂以祖先配天，以聖神英雄為神——甚至大憝巨惡亦分得神國的一席，這樣思想的進步，比較初期，何啻天淵之別。

在這幾個宗教思想蛻化的歷程中，他的內容外型及搆成此項思想的原素，當然是社會背景及經濟結構種種複雜的反應，不是片言兩語，所能解釋詳盡的；即時期的畫分，也不是說此起彼滅，界限判然，僅是就方便書名的假定而已。我們檢閱中國宗教思想，當可明白有這麼一回事。

由漢魏以來至今有千餘年，許多外來宗教傳入中土，由此中國宗教思想大受其影響，其中第一要算是佛教了。佛教的影響不止限於宗教思想方面，且搖動到學術方面與國人生活上去，我們若治中國宗教思想史，他是第一個重要機鑑。至耶穌較盛行於近代，雖然有太平天國之役的關係，可是他與國人宗教思想的波震，遠不及佛教，這是值得思考的。

總而言之，宗教這東西，是帶有想像的感情的性質，又夾雜些理智的成分，任高級的宗教思想與低級的宗教思想程度千差萬別，其共同原則，不外是某種信仰超自然的力量而已。

不管人們現在信不信宗教與宗教思想是否可以立即撲滅，卻是他盤踞在人類生活上已有悠久的歷史和他複雜而偉大的力量，我們不願戴著有色眼鏡來改換史實，又不能否認宗教思想的從未存在，那麼，我們來研究他，整理他，把他編成明潔的歷史，供給學人們參考，難道作者是『落伍』而本書『定遭唾棄』咧？

這書在態度上組織上都能應用新法，很有精彩的部分，讀者當能有目共賞，無須我來介紹。

承王先生遠道將稿本寄來，並許我參加些愚見，故於先睹為快之餘，就拉雜寫些外行話，附於卷末，這是我所引為欣幸的。

鹽城陳鐘凡敘於暨南大學

自序

宗教是文化的一部分，從宗教的進化途徑上，可以看出民族文化進展的痕跡。例如從遊牧社會所崇拜的庶物，進到農業社會所崇拜的山川社稷，再進到封建社會所崇拜的天祖，都足以看出社會文化遞進的情形。另一方面，生活神的崇拜，變而為倫理神的崇拜，再變為社會群眾化神的崇拜。或者由群神而變為超神，再由超神而變為泛神或醫神或無神，都是研究社會文化思想變遷的材料。

原始宗教的產生，大概由於日常生活上有一種不能了解的部分，而認為神秘的便產生，便產生出一種崇拜的動作，再由這種動作，產生出宗教的信仰與思想，這樣，所謂宗教思想，似乎產生得最後的。但是我在這裡把原始人類的動作與信仰，都包括起來統叫他是宗教思想，讀者當能明白這裡所說的思想，不是指著理智的分析，乃是含著原來的自然意識，例如上古時代的圖騰崇拜庶物崇拜，當然不能在思想界上佔的什麼地位，但也可以覘得古人簡單思想的一斑。

同時，我個人研究這個問題，純用客觀的態度來考察過去的思想變遷，並不含著主觀的提倡或宣傳的意味，力求避免畸輕畸重的偏見，容許有因材料的關係，詳略不很勻稱，但這不是作者故意如此。

本書從上古以迄近今，共分六章敘述，注重在周秦以後思想上的變遷，在周秦以前所採取的史料，認為比較不可置信的，概不列入；間有引用古書之處，亦以懷疑態度出之，聊以供閱者參考而已。

自問學識譾陋，本不敢冒昧發表，幸得暨大陳鐘凡院長，燕大吳雷川校長，陳援菴教授，嶺大謝扶雅教授，青年協會范皕誨孝廉，教育會繆秋笙博士……等的指導；自十七年秋起編輯講義，為協大同學演講，並一度為滬大暑校演講，幾經修改，始成此稿，掛漏錯謬，自知仍不能免，希賜匡正！

民國二十年十二月於福建協和大學

中國宗教思想史大綱目錄

第一章　緒論

第一節　何謂宗教思想……一—三

甲　宗教思想與宗教

乙　宗教思想與哲學

丙　宗教思想與倫理

丁　宗教思想與民族生活

戊　其他

第二節　中華民族與宗教……四—八

甲　漢族的來源

乙　中華民族的特性

丙　中華民族對於宗教的態度

第三節　中華民族宗教的起源……九—二四

甲 圖騰崇拜
乙 庶物崇拜與群神崇拜
丙 開闢的神話
丁 感生的神話
戊 巫覡與卜筮
第二章 三代時的宗教思想
第一節 宗教生活概況……二五—二八
甲 神示鬼魃的崇拜
乙 宗教思想的變遷
丙 宗教思想的兩條路
第二節 夏商的虔祀……二五—三五
甲 對天的虔祀
乙 祀天的整頓
丙 夏禹的得天眷

丁　祀祖的起源
戊　殷人的信鬼
第三節　周代宗教思想的變遷……三七—六七
甲　明堂制度與宗教
乙　天道觀念的變遷
丙　春秋戰國學者的宗教思想
丁　祭祖的意義與改變
戊　宗教思想的倫理化
附錄　中庸中的宗教思想
楚辭中的宗教思想
第三章　秦漢時的宗教思想
第一節　宗教生活概況……六八—六九
甲　迷信的產生
乙　佛道的影響

第二節　制度宗教與迷信……七〇—八三
甲　佛教的輸入與傳布
乙　道教的產生與分派
丙　讖緯學與迷信
第三節　厭世思想的發端……八四—八九
甲　厭世思想與老莊
乙　厭世思想與佛教
丙　厭世思想與當時文學家
第四章　魏晉南北朝時的宗教思想
第一節　宗教生活概況……九〇—九二
甲　東漢以後宗教思想轉變的原因
乙　佛道思想的發展
丙　南北朝的風氣
第二節　魏晉的人生觀……九三—九五

甲　清談派的影響
乙　縱樂人生的傾向
第三節　佛教的特興……九六—一〇五
甲　佛徒的翻譯事業
乙　佛道的混合
丙　佛道的爭端
丁　佛道的爭端
第四節　佛教思想的影響……一〇六—一一四
甲　靈魂存滅的討論
乙　三教同源說
丙　佛教宗派的產生
第五章　唐宋元時的宗教思想
第一節　宗教生活概況……一一五—一一七
甲　外來宗教的影響

乙 佛道的繼續傳布
第二節 景教的輸入與傳布……一一八—一三一
甲 景教為何種宗教
乙 景教與基督教
丙 景教與佛教的關係
丁 景教在中國的傳布情形
第三節 回教的輸入與影響……一三二—一四六
甲 回教的創始與入華
乙 回教的教義
丙 回教在中國的影響
第四節 儒釋道的相互關係……一四七—一六七
甲 對天的討論
乙 闢佛的言論與反駁
丙 理學與佛教的關係

丁　佛教的全盛與高僧
戊　帝王與道教
第五節　也里可溫教的傳布……一六八—一七六
甲　也里可溫與景教的關係
乙　也里可溫興盛的一斑
丙　也里可溫與佛教的爭端
第六章　明清及近代的宗教思想
第一節　宗教生活概況……一七七—一八四
甲　佛道的衰落
乙　基督教的宣傳
丙　思想解放與趨勢
第二節　耶穌會的輸入與傳布……一八五—一九五
甲　耶穌會的輸入
乙　教士的著作與事業

丙　教士在科學上的貢獻
丁　非教風潮與天主教的衰落
第三節　基督新教百年來的情形……一九六—二〇五
甲　馬禮遜來華
乙　基督新教的擴充
丙　反教的風潮
丁　最近基督教的事業與影響
第四節　太平天國與宗教……二〇六—二一四
甲　太平天國的興起
乙　太平軍隊的宗教化
丙　太平天國的失敗
第五節　宗教思想的變遷……二一五—二二四
甲　秘密社會中的宗教
乙　科學思想與宗教

中國宗教思想史大綱

第一章　緒論

第一節　何謂宗教思想

甲　宗教思想與宗教　我們一提起『宗教』，便會聯想到巍峨的廟宇，高聳的禮拜堂，以及一切有制度有組織的物質方面；殊不知那種有形式的物質宗教，都是根源於無形式的精神而來。這種無形式的精神，我們便可以叫他宗教思想。所以宗教思想不必定有任何組織，任何制度，在原始人類以至於現代文明人中，日常生活所表現出來的崇拜與神祕思想，都是屬於它的範圍之內。雖不必人人都有宗教向，卻不能說人人都沒有宗教思想；即極端唯物主義的者，也有他對於某主義的信仰，這種信仰，也就是宗教思想的別一表現。本來 Religion 這個名詞，他的意義，不是單指著有制度的組織而言，乃是包含一切人類心能中的崇敬。但是一譯成『宗教』這個名詞，便把原來的意義縮小了；所以一提到『宗教』，就變成有形式的組織，為一部分人所專有的了。現在我們所提起的『宗教思想』是普遍的，無論那一種民族那一種人類都是具有的。例如中國古代的庶物崇拜天祖崇拜，以及一切命運禍福的信仰，雖沒有現在那樣流行的宗教形式，卻不能不說是一種宗教思想的自然表現。

乙　宗教思想與哲學　任何人都能把哲學與宗教，分別出一條界線來。就是說『宗教室感情的，哲學是理智的。』但是我們假使研究到原始時代，而他們倆不獨是沒有什麼界限可分，簡直是出於一個來源，而有母子關係。後來，哲學雖然從宗教的母親懷抱宣告了自立，究竟還有互相連貫的血統關係。在宗教思想中有屬於哲學的問題，在哲學中也有宗教思想的素質。例如：對於本體問題的探討與認識，雖有名詞上的歧異，而所欲了解的對象，卻是一樣的。再如對於人生問題的解決，也是名異而實同。不過宗教思想祇能知其然，而哲學則欲求其所以然，所以宗教還是感情的產物，先於哲學而有的。因為這種感情，是人類先天所固有的，就是從原始以來蘊藏在人類心靈中的崇拜精神，不是憑著理智和思考可以分析得出來的。迨至人類的理智發展起來，不但宗教思想依著時代而有不斷的變遷，更是由於分別出獨立的哲學領域與宗教便有顯著的界線了。

丙　宗教思想與倫理　人類對於自然所發生的宗教意識，大概含有倫理的意味，所以可以說倫理思想與宗教思想，是一而二，二而一的；前者為人與人的正當關係，後者為人與大宇宙的正當關係。在原始宗教之中，本沒有倫理道德可言，祇知道祈山川以免水旱之災，祭天神以求收穫之豐；甚至殺孩以媚天神，祀天以求殺敵。厥後思想進步，宗教便從自私自利的動機中便為利人的倫理；於是認天帝為父，認人類為兄弟，對於一切自然現象，更研究其因果關係，分別善惡為正誼人道的標準。宗教思想既日益進步，倫理觀念亦日益提高，乃把至高道德的標準，歸之於所崇拜的對象；以為這個所崇拜的對象，便是一切倫理道德所從出的淵源。我們從歷史上所見到的那些『殺身成仁、舍身取義』的人，以及一切『動天地泣鬼神』的偉大事業，在倫理道德上有偉大價值的，莫不以宗教思想為其最大原動力。故可以說宗教思想就是一切倫理道德的根源。

丁　宗教思想與民族生活　世界各民族因空間關係，乃至有大同的生活；又因為生活不同的緣故，精神上的需要乃亦不能無別，所以一民族便有一民族的宗教了。而且一民族便有一民族的宗教了。而且一民族的宗教，正是其民族精神的表現：有強毅的阿拉伯民族，便會產生出富有團結和抵抗的回教；有物產富裕的印度民族，便會產生出神秘玄想的婆羅門與佛教；有屢受他民族壓迫的希伯來民族，便會產生出信賴一神的摩西教與耶穌教；有宗法制度極發達的中華民族，便會產生出天祖崇拜的二神宗教。依此類推，即可知一民族的宗教思想，是與一民族的生活有不可分離的關係。換句話說，宗教思想乃是產生於一種生活的要求而來。

戊　其他　如果我們要把宗教思想與各方面的關係，一樣一樣地舉出來，說來的話未免太多，又不是本書的主要問題；好像：宗教思想與文化、與藝術、與政治、與學術……等等都雖有密切的關係，在這裡我們只好付諸闕如了。

末了，有一個緊要問題，我們應當了解的，就是到底『什麼叫宗教思想？』現在可以用簡單的話來說明一下。

所謂宗教思想者，就是『人們對於精神生活的要求，而表出自然的崇拜行為；從無意識的動作，進而至於理智的分析。』假使這個定義可以成立，那末，我們便可以研究到這種思想的起源和進步了。原始人們，思想本極簡單，對於自然界精神界從前所不能了解的問題，也漸漸地明白起來，遂產生出世界不同的宗教，即同一宗教亦以時代的關係而有不同的理論。這可以證明宗教思想是依時代而進步的，研究這種進步的思想，那便是本書所注重的中心問題，所以稱他為宗教思想史。

第二節　中華民族與宗教

甲　漢族的來源　漢族為中華民族文化的倡導者，誰也不能否認的。但是漢族究竟來自何方？卻是研究民族文化必須解決的一個問題，宗教是文化的一部分，所以應當先研究到漢族的來源。對於這個問題，討論的人很多，有人承認是從帕米爾高原來的。所謂帕米爾高原，在新疆之西，就是喜馬拉雅山崑崙山阿爾泰山諸大山脈發源之處，為中央亞細亞屋巔。穆天子傳所稱為『群玉之山』遁甲開山圖說『天皇被跡柱州崑崙下』，皇甫謐謂『伏羲生於成紀』，成紀按即甘肅秦州，根據這種理由，斷定漢族的來自西方，像屠孝實的『漢族西來考證』見國故論叢陳文濤的『先秦自然學概論』裡，都是這樣說法，但現在卻有人發生懷疑，對於漢族西來說，加以根本的否認。不過從宗教思想上考察起來，印度的婆羅門，猶太的摩西教，有許多相同的地方；尤其可怪的，世界一切偉大的宗教，大多發源於中央亞細亞。厥後同源異流，傳布於東方的，與傳布於西方的，遂分為不同的兩大支流。講到中國漢族既蕃殖魚黃河流域，受了氣候及地勢的影響，成為獨樹一幟的中華民族。

乙　中華民族的特性　一種民族特性的造成，莫不受地理、生活、氣候的影響。中華民族既蕃殖於黃河流域，在這種氣候嚴寒土地瘠薄的環境之中，非勤勞耐苦不足以圖存，非謙遜柔和不足以相處，便造成一種注重唯生生活的民族特性；且因此而產生一種實踐倫理的思想，屏絕杳渺玄想的生活。故在宗教思想方面，不若印度的虛玄，阿剌伯的強毅，希伯來的自尊，而成為中華民族獨有的倫理化宗教。

原始人民的生活，僅藉天然的鳥獸果實，逐水草而居；厥後由遊牧民族而漸事耕稼，生活異常艱難，故諸夏民族的宗教思想，都切合於實際生活，而不入於抽象玄奧的範圍。祀皇天后土所以祈物產的豐收，祀日月風雷以祈免水旱的凶災，一切崇拜的神明，大多關於農事者居多。迨至領土日漸擴大，淮水流域的東夷民族，江漢流域的荊蠻民族……等東南玄理思想與佛教的虛無主義，侵入到原有思想之中，遂漸漸由純粹的生活神崇拜而趨向到形而上的範圍。不過這種原始生活神崇拜的宗教思想，至今猶有一部分的存留，這也可以證明中華民族的特性與宗教思想的關係。

丙　中華民族對於宗教的態度　中華民族是不是宗教的民族？歷來有兩種不同的論調：第一，說中國是個非宗教國。以為中國雖號稱有儒、釋、道三教，但都算不得宗教；梁任公嘗說：『儒教之教，乃教育之教，非宗教之教』，儒家所宗的孔子，本不是宗教的教主，是春秋時一的大教育家。他生平所揭櫫的學說，只限於現實的人生，並沒有討論到形而上的本體。而且他所說的天與道，修正了遺傳的神權思想不少，表示他對於天的懷疑。

至於一般人所稱的道教，創始於漢代的張陵，依託老子之名其實老子本不是宗教家，他的五千言道德經，純粹是一種哲學的發揮。他的本體觀念，雖然走入到不可思議的境界，但他卻是一個唯物論者。他所提出的『自然』是屬於機械的，並不承認天地間有什麼意志的上帝和神明。張陵戤著老子的招牌，用符籙來愚民，作黃冠逐食的法門。後來雖有許多派別，總其名約道教，終究不過是一種法術，算不得純粹的宗教。

佛教是外來的，雖曾佔有中國歷史上的長時間，影響於人民生活非常之大，但是近今的大乘學者，卻不承認他是一種宗教。歐陽竟無曾經說『佛法非宗教，亦非哲學。』因為佛教並沒有宗教具備的四種條件：（一）崇敬教主，（二）信從聖經，（三）謹守信條（四）宗教儀式。這種高深的理論，普通鈍根人原不會懂得；不過那些崇隆的廟宇，晨鐘暮鼓的僧侶，是不是一種宗教的儀式呢？現在也不必去論他。但是佛教是外來的，算不得中國固有的宗教。

第二，說中國式個多宗教的國家。這派的意見，與上說適成反比例。以為中華民族對於宗教信仰是極濃厚的，不獨恪守著固有的自然崇拜，尤其宏量的接受外來的宗教。全體人民，莫不崇信天鬼；而且儒教的孔廟，佛教的菴院，道教的寺觀，幾乎無處不有。雖數十戶集居的小村落，亦必有一混合式的廟宇，如近今所謂道德社同善社等等，尤其足為多宗教的思想表現。即普通家庭之中，亦各含有多宗教的氣味，一舉一動，莫不帶著宗教的色彩，所以說中國是個多宗教的國家。

上面的兩種說頭，在表面看來，固然截然不同，但是從實際上觀察，卻可以說是一事的兩面。譬如言天罷，在前一派人看來，用抽象的理氣心性來佔定它，偏重在主觀方面。在後一派人看來，用具體的鬼神觀念來承認，偏重在客觀方面。兩派的觀念雖不同，而天之所以為天，卻還是萬古如斯的。我們從歷史上考察，漢以前本沒有具體的宗教，迨自佛教輸入，道教創立，遂有制度的宗教出現。但是無論如何，宗教思想，卻是人人所同具的先天屬性，原始人類，即有不約而同的崇拜，從虞舜『肆類於上帝，禋於六宗，望於山川，徧於群神。』（尚書堯典）等記載看來，即可以知道這些都是古代庶物崇拜的遺傳，認為在一切自然現象之中，個有神靈為之主宰，於是有所謂群神，而群神之中，又有天帝為之主宰，這是很顯著的宗教根性，是無可諱言的。現在且看一看中華民族在宗教思想上的特點：

（一）　中華民族在宗教思想上沒有入主的出奴的成見，信仰有絕對的自由，所以沒有宗教上信仰的爭端，外來的任何宗教，莫不宏量的容納。

（二）　中華民族不很注重宗教上的限制，純憑個人的自由信仰；所以一個人可以同時信仰幾種不同的宗教，沒有教權集中的流弊。

（三）　中華民族政教分離得很早，古代政治雖不免含著神權的色彩，但政由天啟的思想，在周代已經打破了。

（四）　中華民族的宗教信仰，不受崇拜儀式所拘束，祭禮的規定，雖不免有徒重形式的流弊，但是儒家設禮，多含著政治和倫理的作用，與祈禱禮拜等宗教儀式不同。

（五）　中華民族對天的信仰，雖有若干不同的見解，但是大多數人的心理，莫不承認天為至高上的精神主宰，為一切倫理道德的根源。

第三節　中華民族宗教的起源

甲　圖騰崇拜　圖騰教（Totemism）是由印第安族的語言而來的，並不是一種有組織的宗教，乃是一種野蠻人中自然的迷信。他們信仰一類物質的東西或動物，是與社會及個人有密切的關係。有宗族的圖騰與個人的圖騰的分別。所謂宗族的圖騰者，即某一種族的人類，認其祖宗是出於某一種圖騰或即是某一種圖騰的化身。其圖騰為蛇維熊或為牛為龜，則其族人必然崇拜蛇、熊、牛、龜等物，而奉之為神。例如希伯來族當摩西出埃及後，其族人在曠野中造作金牛而崇拜之，承認牛就是他們的神。在野蠻的土人中，如印第安人非洲人中，至今尚有這種崇拜。我們中華民族，在古書中雖然找不見多少材料，但是伏羲氏所本以畫八卦的河圖，與夏禹所本以作九疇的洛書，說是出於龍馬靈龜。而且古書中記那些古帝王的形象，往往有什麼蛇身人首，馬首人身之類，是承認古代帝王是蛇或是馬一類的東西變來的。即就古帝王的名氏，像堯、舜、禹都是帶點圖騰的意味。又中國邊境各省的名稱，像閩粵蜀猺等類也有同樣意味。《玄女兵法》說：『黃帝討蚩尤，西王母以符授之』（見馬驌繹史卷五所引）這裡所說的符，也是一種圖騰的記號，後世以符為驅鬼而懸貼佩掛，都是這種圖騰的遺傳，好像中國人都以八卦為避禍的記號。有畫八卦圖於門上，有佩戴易經於小孩身上，把八卦看作一種神靈，可以保護宗族及個人，這種普遍的思想，不能不說是古代圖騰的遺物。

講到個人的圖騰，我們一讀江紹原所著的《鬚髮爪》，不獨看見中華民族的許多迷信，更是可以懂得這種宗教思想，近於古代的圖騰崇拜。好像個人的生肖：譬如生於子年的，其生肖屬鼠，則以鼠為其保護神，生於巳年的，其生肖屬蛇，則以蛇為其保護神，不獨不敢傷害鼠或蛇，且將虔誠地崇拜之。北方人每多祀狐，南方人每多祀蛇，未始不是這種圖騰之遺傳。或者將初生之孩，寄名於蛇神或其他獸神的，認此孩乃屬蛇神或獸神，而有血統及親戚的關係，便可以得其神的保護而易於長育。所以有欲表明這種信仰，題他的名字，叫做阿貓阿狗之類，這樣的思想，在中國人民中極其普遍，我們現在也不暇枚舉。

再看古代的偉人，都有他所屬的星宿：說某人屬虎，則其人臨死時，必有虎出現；說某人屬龍的，則其人生平，必與龍有特別關係。孔子獲麟，春秋絕筆，知死期的將至，漢高斬蛇舉義，老嫗痛哭，有赤帝子誅白帝子的話；而且史遷記漢高之生，太公見其妻與龍交。凡此種種，未始非圖騰思想的遺物。

乙　庶物崇拜與群神崇拜　世界宗教的起源，總逃不了圖騰的崇拜，庶物的崇拜，而漸進於群神與天神的崇拜，演成為有組織的宗教。中國也自然不能例外。不過在中國關於這種材料很不多，而且許多記載古代事蹟的書，大多數不很靠得住的，現在我們姑且從歷代相沿的祭祀中，略考見古代崇拜的情形。

（一）崇拜日月。〈禮記祭義〉篇中說：『郊之祭，大報天而主日，配以月；夏后氏祭其闇，殷人祭其陽，周人祭日以朝及闇。』這可見三代都是崇拜日月的，時間在夏正，就是春之始，因為春天生養萬物，其功甚大，所以行郊祭以報答之。但是為甚麼不祭天而祭日月呢？注謂：『天無形體，縣象著名，以日為百神之王，配之以月。』可見古代的崇拜，注重有形的物象。夏尚黑故在昏黑時，殷尚白故在日中，周尚文故禮多而祭在朝夜。

祭義又說：『祭日於壇（春分），祭月於坎（秋分），祭日於東（外祭），祭月於西（內祭）』可見祭日配月，是三代通行的方法。但是三代的祭禮，並不是三代獨創的，當然是從古遺傳下來的；虞舜時已有所謂『禋於六宗』，什麼叫六宗？賈逵說：『天宗三——日月星——地宗三——河海岱。』除了春秋二分特祭日月，以外，又嘗於郊祭、時祭、蜡祭、霜雪風雨不時之祭中，附祭日月。

（二）崇拜星辰。〈周禮春官大宗伯〉：『以實柴祀日月星辰。』大宗伯是掌管祭祀天神地示人鬼之禮的，用牛置柴上焚燒，周人尚臭，取其煙氣之臭以薰神明，這與猶太古代焚牛焚羊獻祭耶和華相同。這樣的祭祀，一年中有好幾次舉行：或於冬至郊祭的第二天，或在孟冬之月祈求來年的時候，或在霜雪風雨不時的時候，都祭日月星辰。日月星辰，古稱為三光，從中國的文字看來，凡屬於崇拜或祭祀的字，都是從『示』字，這是什麼意思呢？示字从二（即上字）从川（三垂），三垂就是表明日月星三光，可見崇拜在上的三光，乃是中國崇拜的起頭。

現在我們單從祭祀星辰一方面來講，它的祭壇，名字叫『幽宗』，因為星辰是夜裡出現的，所以叫做『幽』。它的祭名，叫做『布』，布是遍滿的意思，星辰是遍滿於天空的，所以叫做『布』。在無數的星辰之中，又祭『司命』『司中』『司祿』等特別的星，這幾個星是居於文昌宮星中第四、第五、第六的地位，合稱為三台是為天柱。

《周禮》中又有掌管祭祀星辰的專官，名叫保章氏的，他嘗命令九州封域各祭其所屬之星，如南方祭大火星熒惑，西方祭參星之類，掌王馬之政的校人，他在小滿節叫人祭房駟星，這都可以證明古代祭祀星辰的風尚。

（三）崇拜風雨等物。〈周禮大宗伯〉中有『槱燎祀司中司命飌師雨師』的話，風師叫箕星，雨師叫畢星，《洪範》裡說：『星有好風，星有好雨』，注曰：『箕星好風，畢星好雨』，由此看來，祭風祭雨，還是屬於祭星的範圍。不過還有一些分別，在祭禮上有大祀次祀小祀的不同，大祀用玉帛牲牷，次祀用牲幣，小祀用牲；祀天為大祀，祀日月星辰為次祀，祀司中風雨為小祀。這種分別，原不十分清楚，現在我們祇能知道古代有風雨的崇拜，而且在風雨崇拜之外，又有雲神雷神的祭祀，雲神雷神又叫做豐隆屏翳，國家也設立專官管理這樣的事情。

（四）崇拜寒暑的。〈周禮春官〉中有籥章的一等官『於中春晝，擊土鼓籥〈豳詩〉以逆暑，中秋迎寒亦如之。』籥是一種樂器，有兩種：一種叫吹籥，似笛而短，一種叫舞籥，似笛而長。土鼓也是一種樂器，以瓦為匡，兩面布以革，在迎寒逆暑的祭祀中，籥章這一等官，一面吹籥擊鼓，一面唱歌〈豳風七月〉之詩；所以在〈豳風七月〉篇有『持籥而歌以迎暑神，仲秋之夜以迎寒神。』等詞句。

（五）崇拜社稷。社稷是土穀之神，古代每二十五家建一社，名叫書社，書其社的人名於籍。百家為里社，二千五百家為州社，各植相宜之樹以為神。《論語》記『哀公問社於宰我，宰我對曰「夏后氏以松，殷人以柏，周人以栗」』見論語卷三〈莊子人間世〉篇中也有記龐大的社樹，為社神所寄託的事。可見古代祭祀社神，事一件極普遍的事。大概在立春及立秋之五戊日祭之，春祈豐年，秋祀報賽。一社中有社長，謀全社公同的利益，用祀神的方法來聯絡，到現在還有好些鄉村保存這種風俗的。起初不過是自然崇拜中的一種，到了周朝，就有右社稷左宗廟的祭祀，把句龍配社，而為后土之神，把棄配稷，而為農業之神，便變為祭祀已死的人靈了。後來在政治上把這種既祀看得非常重要，以為國家存亡，全關係於這種祭祀，下文當再詳述之。

（六）崇拜山川。〈周禮小宗伯〉說：『兆山川丘陵墳衍各因其方』『兆』是為壇以祭的名稱，祭日月星辰海稱為四類，祭五岳四瀆稱為四望，這種祭祀也是起源得很早，《尚書》記虞舜巡狩四岳『歲二月東巡守，至於岱宗，柴望秩於山川；……五月南巡守，至於南嶽，如岱禮；八月西巡守，至於西嶽，如初；十一月北巡守，至於北嶽，如西禮。』又說：『望於山川，徧於群神』，『肇十有二州，封十有二山，濬川。』（見尚書舜典）可見祭祀名山大川是天子諸侯等分內之事，所以《史記》引《管子》的話說：『古者封泰山禪梁父者七十二家。』（見史記封禪書）〈禮記祭法〉中亦以山林川谷丘陵，是人民取財用的地方，所以列為祀典。《爾雅》稱祭山之名曰『庪縣』，祭川之名曰『浮沉』，《周禮》總稱其名曰『貍沈』，所謂『以貍沈祭山林川澤』，可見祭祀山川，也是認為一種重要的典禮。

上述各種祭祀，都是古代庶物崇拜的遺傳，是原始宗教思想的表現。〈禮記祭法〉中有兩段話，可以拿來包括他。

『埋少牢於泰昭，祭時也；相近於坎壇，祭寒暑也；王宮，祭日也；夜明，祭月也；幽宗，祭星也；雩宗，祭水旱也；四坎壇，祭四方也；山林川谷丘陵，能出雲為封雨見怪物，皆曰神。有天下者祭百神，諸侯在其地則祭之，亡其地則不祭。』

『王為群姓立七祀：曰司命，曰中霤，曰國門，曰國行，曰泰厲，曰戶，曰竈。……諸侯為國立五祀：曰司命，曰中霤，曰國門，曰公厲。……大夫立三祀：曰族厲，曰門，曰行，……適士立二祀：曰門，曰行。庶士庶人立一祀，或立戶，或立竈。』

這兩段話給我們一種印象，不但是崇拜庶物與群神，更是在崇拜上分出階級來。這是政叫不分的緣故，政治上既分階級，宗教也附帶的分階級了。惟天子可以祭天，所以天子不但是政治的首領，也是宗教的祭司長——教皇了。

丙　開闢的神話　世界各民族的歷史第一頁，大都記著天地開闢的一段神話，尤其是在宗教的載籍中，開闢說佔著重要的部分。像〈舊約創世紀〉開頭就有『上帝創造天地』的故事。關於這種神話的專書，有黃石所譯的《神話》，及所著的《神話學ＡＢＣ》是記載世界各國的神話，而不是專載中國的神話。商務印書館所出的一本兒童叢書《中國神話》，也不過搜集了子書中的幾十條，並沒有及到開闢的傳說。惟玄珠所著《中國神話研究ＡＢＣ》，搜羅較為完全。是宗教思想的產物，並且佔宗教思想的重要部分；而神話之中尤以天地開闢佔著第一章。中國古籍中，雖沒有這一類的具體描寫，但從秦漢以後，也發生出這些傳說來。例如《太平御覽》引證《三五曆紀》，及任昉《述異記》（述異記題為梁任昉撰但據四庫提要所論斷定為後人偽託）中有同樣說到盤古氏開闢天地的話。不過《述異記》說盤古為天地萬物之祖，認盤古在天地之先，而《三五曆紀》則說盤古在天地之中。

『天地混沌如雞子，盤古生其中，萬八千歲。天地開闢，清陽為天，濁陰為地；盤古在其中，一日九變，神於天，聖於地。天日高一丈，地日厚一丈：如此萬八千歲，天數極高，地數極厚，盤古極長。』

述異記題為梁任昉撰但據四庫提要所論斷定為後人偽託

清陽為天，濁陰為地，一日九變等說，似根源於《易經》的陰陽變化而來，與列子『一變而為九』之說相同，可見此種傳說發生極遲。吳楚間俗說：陰陽是盤古氏夫妻。見述異記卷首 盤古這個名字，在古書中沒有見過，在宋羅泌所撰《路史》稱之為渾敦氏，或者是槃瓠的變音。後〈漢書南蠻傳〉說槃瓠為南蠻之祖，在廣西南海有盤古墓，桂林有盤古祠，並見述異記第一第二節 或者把南蠻人天地開闢的神話，認為中國的根據；所以這種傳說，至早當在漢以後纔發生的。

任昉《述異記》開端即說：

『昔盤古氏之死也：頭為四岳，目為日月，脂膏為江海，毛髮為草木。秦漢間俗說：盤古氏頭為東岳，腹為中岳，左臂為南岳，右臂為北岳，足為西岳。先儒說：盤古泣為江河，氣為風，聲為雷，目瞳為電。古說：盤古氏喜為晴，怒為陰。』

《五運歷年記》說：

『元氣濛鴻，萌芽茲始，遂分天地，肇立乾坤，啟陰感陽，分布元氣，乃孕中和，是為人也。首生盤古，垂死化身，氣成風雲，聲為雷電，左眼為日，右眼為月，四肢五體為四極五嶽，血液為江河，筋脈為地理，肌肉為田土，髮髭為星辰，皮毛為草木，齒骨為金石，精髓為珠玉，汗流為雨澤，身之諸蟲，因風所感，化為黎甿。』見馬驌繹史卷一所引

可見他們把宇宙間一切自然現象，都託之於盤古，彷彿〈舊約創世紀〉天地萬物都由上帝創造一樣，盤古便成為中國神話中的上帝了。又有『女媧摶黃土為人』見太平御覽人事部一引風俗通語 之說，與〈舊約創世紀〉上帝摶土造人同一意義。

繼盤古而後的，又有所謂三皇：

『天皇十三頭，號曰天靈，治萬八千歲，被跡在柱州崑崙山下。地皇十一頭，治八千歲，興於熊耳龍門山。人皇九頭兄弟各三百歲，起於形馬山提地之國。』見太平御覽皇王部三所引

這裡所說一頭，大約就是一代，十二頭就是十二代的意思。《周禮》中雖也有三皇五帝之名，但絕不是這裡所說的天皇地皇人皇，因為這裡所說的天皇地皇人皇，不是一個人，乃是一個神人，所以他們的形象，與人不同；有什麼蛇身獸足呀！什麼牛頭人身呀！他們都有人所不能的神通。像女媧氏可以『鍊五色石以補蒼天，斷鼇足以立四極』，像后羿可以去社九箇太陽，像伏羲可以受河圖，夏禹可以得洛書，以及其他古帝王，可以與天交通，施行奇事。這些都是荒渺的神話，王充《論衡》談天、說日、感虛……等篇中，早已把這些神話，一條一條地駁斥了。不過這些神話，確也是一種宗教思想的表現。

丁　感生的神話　除了開闢的神話以外，還有感生的神話，這也是宗教思想中的一點；如謂佛祖釋迦由脇下而生，耶穌基督由童女兒生等類。中國歷史上也有這一類的記載，且略舉之：

伏羲氏之母華胥氏，感履蒼帝靈威仰之跡，有虹繞之而生伏羲。見王嘉拾遺記卷一

神農氏之母任姒，感華陽有神龍首而生神農。見繹史卷四引帝王世紀與春秋元命苞語

黃帝之母附寶，感大電繞北斗樞星光，光照郊野而生黃帝。同上卷五

少昊氏之母皇娥，感太白之精，下流華渚而生少昊。見王嘉拾遺記卷一

顓頊氏之母女樞，感瑤光之星，如蜺貫月，其色正白而生顓頊。見繹史卷七引詩緯含神霧

堯母慶都，感三河之赤龍，負圖而出，與之合昏而生堯。見繹史卷九引春秋合誠圖

舜母握登，感大虹而生舜。見宋書符瑞志

禹母修紀，感命星貫昂，夢接而生禹。見繹史卷十一引吳越春秋帝王世紀宋符瑞志等書

契母簡狄，感吞燕卵而生契。見史記殷本紀

棄母姜嫄，感履巨跡而生棄。見史記周本紀

這些都是感生的上古帝王及偉人，在我們現在的人看來，都覺得荒誕不經；但在古人不但不覺得奇怪，且因而增加那個帝王或偉人的尊崇。以為天生偉人，必有其特異之處，故三百篇明堂樂歌之中，尚存有『天命玄鳥，降生而商』詩經商頌的話。即歷代崇拜的大聖如老子孔子，亦有感生的傳說：神仙傳記老子之母，感大流星而有娠，在母懷七十二年，剖母左腋而出。見葛洪神常傳卷一又有人說：『有玄妙玉女，年八十而未字，老子化為玄黃彈丸，適玉女晝寢，流入口中，吞之而孕。』又有人說：『當太陽將出：玉女手攀李樹，對日凝思，良久，日精漸小，從天下墜，化為流星，如五色珠，飛至口邊，捧而吞之，忽裂左腋而生嬰孩，甫生即行九步。』這些神話，

完全抄襲佛教而來，佛教記釋迦歷史，說佛摩耶，感日而孕，在無憂樹下，從右臂而生，生時即行七步。道教中人，欲將老子抬高，過於釋迦，所以說老子為日所化，在李樹下，從左腋生，生而行九步，甚至說釋迦是老子的化身，這實在穿鑿的非常可笑。

孔子是儒教的大聖人，但是家語裡說：『孔母顏徵在禱於尼山，夢黑帝而生孔子。』〈春秋演孔圖〉也是這樣說法說：『孔母徵在，遊於大澤之陂，夢黑帝而生孔子。』司馬遷做《史記》，是一部正式的歷史，也有野合而生孔子的話。（見孔子世家）甚麼叫野合？〈史記正義〉則釋為『男子過六十歲而婚姻，謂之野合。』〈史記索引〉則釋為『一老一少，不合禮儀，為之野合。』究竟司馬遷所說的野合，是什麼意思？我們不得而知，總是有與尋常不同的意義在內，或者也就是現在所說的私生子。記孔子的誕生，還不奇怪，記他本朝的開國皇帝——漢高祖——這是何等鄭重的一回事。但是他說：『劉媼嘗息大澤之陂，夢與神遇，是時雷電晦冥，太公往視，則見蛟龍於其上，已而有身，遂生高祖。』（見高祖本紀）他竟以高祖不是太公的兒子，乃是蛟龍的兒子，章太炎曾以奸夫假裝雷神的故事來挖苦漢高的私生，（見國學概論）在當時人並不以為褻瀆，反認為是尊榮，天子是龍種，所以說漢高是赤帝子，這可以見得古人思想的一斑了。

上面所舉的感生神話，在我們現在看來，固不值識者一笑；但在古人思想中，以為一個偉人產生，非有特異的奇蹟，不足以表示他的偉大。像耶教中認耶穌必由童女所生，方能成為耶穌一樣的道理。這都是古代人的宗教思想，原也不足為怪的。

戊　巫覡與卜筮　原始宗教之中，往往含著帶有魔術性的巫術，中國亦自不能例外。如果欲把中國的巫術，從歷史上加以搜集和說明，數十萬言也不能盡，因為我們一讀中國的古籍，無論是經子史，無一不有關於巫術的色彩。《易》的陰陽，《書》的五行，《禮》的明堂，《詩》的五際，以及二十四史中的五行方技術數，子集中的鬼神因果，尤其是漢代的讖緯，與漢以後的佛道諸籍，莫不充滿著許多神奇怪誕的巫術。現在我們祇能縮小範圍，單從幾種經籍來簡短地提起，以覘古代宗教思想的一斑罷了！

（一）巫覡與卜筮的起源。巫覡，是專門代人祈禱神明，以求神明降福的人，彷彿猶太古代的祭司一樣。祈禱時嘗用一種舞蹈與其他儀式，男的叫作覡，女的叫做巫，他們在原始宗教上佔著重要的地位。古代有兩種官，一種叫祝，巫就是祝的一類，所以《說文》說：『巫祝也，能齊肅事神明，在男曰覡，在女曰巫。』〈國語楚語〉中也是這樣說，可見巫覡是古代的官，故《周禮》於大祝小祝之外，有司巫，男巫，女巫，國家有什麼大事，都要靠他們的祭祀和祈禱。

說道卜筮，也是巫覡的一種，他們專門替人決疑惑，斷吉凶，伏羲畫八卦，所以定天下之吉凶，《洪範》說九疇，有明用稽疑之條；《周禮》有太卜、龜人、卜師、占人、簭人、占夢等官；〈史記荀卿傳〉言「營於巫祝，信機祥」，可見卜筮起的源早了。

（二）巫覡與卜筮的意義。巫覡卜筮，雖然可以分為兩種，但合起來，就可以叫做巫術。

巫術的範圍，包括得非常複雜：大概史籍中所列關於祭祀的明堂、合宮、封禪、祠祀，及兵家的權謀、形勢、陰陽、技巧。術數的天文、曆譜、蓍龜、五行、雜占、形法，方技的醫經、醫方、房中、神仙……等等，都可以包括在內。本來巫覡的責任，是專管祭天的事，他們可以代表人民及國家祈求天佑，以為國家一切安寧和發達，全在祭天的虔誠，所以古代特立巫史等官，管理這件事情，但是從少皞氏以後，九黎亂德，家為巫史，巫的責任就紊亂了。見國語楚語　春秋以降，淫祀漸興，詛祝多有，前此專事祭天的巫，至是乃演為民間普通的迷信，以至有所謂桑田之巫，梗陽之巫，及楚之范巫，等等名目。漢朝更有巫蠱的事發生，六朝更盛；唐玄宗之封東嶽，甚至命老巫阿馬婆以禮嶽神；王嶼竟分遣女巫於各州縣，所到橫索金帛；見舊唐書卷一百三十王嶼傳　棣王琰之二孺人爭寵，密求巫者置符於琰履中，見舊唐書卷一百七玄宗諸子列傳　幾奉巫覡為神明，無論醫病祈福祈雨以及個人禍福，都惟巫覡是問。巫覡之迷信，深終於人心，歷數千年而不衰。卜筮亦然，初用龜蓍。書傳所謂：

『龜之為言久也，千歲為靈，禽獸而知吉凶者也；蓍之為言蓍也，百年一木生百莖，此草木之壽知吉凶者也。』

〈易繫辭〉說：

『定天下之吉凶，成天下之亹亹者，莫善乎蓍龜。』見易經繫辭上第十一章

用蓍龜以卜吉凶，決疑惑，是古代及普通的事，所以《尚書》裡說：

『汝則有大疑謀，謀及卿士，謀及庶人，謀及卜筮。』見尚書洪範篇

即老子亦嘗有『能無卜筮而知吉凶乎』見莊子庚桑楚篇《史記》龜策傳、日者傳以及史冊中之五行方技術數等志，關於這種巫術的記載，實屬不勝枚舉。

（三）巫覡與卜筮的流傳。八卦為此種巫術的淵源，〈易繫辭〉說：

『易有聖人之道四焉：以言者尚其辭，以動者尚其變，以制器者尚其象，以卜筮者尚其占』見易經繫辭上第九章

由此而演為象數，列為占兆，孔子作十翼以贊《易》有『以通神明之德』的話；秦始皇焚書坑儒，易經列為卜筮，得免火厄。春秋戰國之時，以星象占卜聞名的則如魯之梓慎，鄭之裨竈，晉之卜偃，宋之子韋，楚之甘公，魏之石申等人，當時莫不奉以為先知，一切戰事婚娶立嗣等等大事，都要卜之於鬼神，像曹劌論戰，有祝史正辭之言，見左傳莊公十年 晉侯戰敗，因愎諫違卜之故，見左傳僖公十五年 懿氏卜妻於敬仲，見左傳莊公二十二年 畢萬筮仕於晉國，見左傳閔公元年 晉獻卜驪姬為夫人見左傳僖公四年

這一類的事，非常之多。可見這種巫術，非常的普遍。漢武崇尚儒學，立五經博士，而京房《易》的重災異，孟喜《易》的說卦氣，鄭玄註經，都取其說。降及宋儒，乃有圖數之學，漢宋學者之於巫術，莫不推波助瀾。陰陽五行，神仙方術，流傳於社會之間，不獨為下級人們所深信，即上流人物，亦往往惑而不返，遂使三千年來的中國社會，盡支配於巫術之下，這不是很可嘆的嗎？

（四）中國巫術發達的原因（1）因為民智的幼稚。對於自然界所發生的現象，不能了解其中的原理，巫術得因以產生。人民為求生活的滿足起見，自易受其蠱惑，流傳既久，相習成風，祭鬼祭神，雖聖賢豪傑，亦奉行不替，蓍龜雜占醫方風水，尤占生活中的大部分。（2）因為帝王的信仰。史冊所載，帝王大臣的信仰巫術者，幾乎無代不有。古代無論矣，設官分職，列為國典，一讀《周官》便可知道了。春秋楚棄疾滅陳，史趙以為歲在析木之津，猶將復由。見左傳昭公九年 吳用師於越，史墨以為越得歲而吳伐之，必受其凶。見左傳昭公三十二年 五石六鷁，宋襄問於叔與。見左傳僖公十六年 孟縶始生，孔成筮於史朝。見左傳昭公八年 晉獻嫁伯姬，占諸史蘇。見左傳僖公十五年 趙簡子占夢於史墨，見左傳昭公三十一年 皇之信徐市，漢武之言欒大，光武以赤符受命，鼓扇讖緯。凡此皆歷代帝王大臣對於巫術的深始信。（3）因為學者的倡導。老莊孔孟雖無顯著的巫術提倡，而道家書中如《金匱》記：『丁侯不朝，太公畫丁侯射之，丁侯病困』，見繹史卷二十引太公金匱 《管子》記：『以時事天，以天事神，以神事鬼，故國無罪而君壽，而民不殺』，見管子侈靡篇 這都帶著巫術的意義。老莊以後的方士道教神怪之說疊起，導引飛昇，丹鼎符籙，流傳尤廣，儒家經籍中的《易禮》《易》有『興神物以前民用』，見繫辭上第十章 『幽贊神明而生蓍』，見說卦第一節 的話。《禮》有『三代明王，接示天地之神明，無非卜筮之用。無卜筮則禮樂不興，居則觀其象而玩其辭，動則觀其變而玩其占』，見禮記表記 的話。子思孟荀繼承孔學，亦重祭祀而信機祥。墨家尤甚，尊天明鬼，以為人生一切行動之中，莫不有鬼神陰相，其學說與鬼神派兵家派相同。總之：道家陰陽五行之說，儒家郊祭祠祀之禮，墨家尊天明鬼之義，都足以影響於一般人民的巫術信仰。因為這種緣故，中國社會的巫術化，誰也不能否認的了。

第二章　三代時的宗教思想

第一節　宗教生活概況

甲　神示鬼魁的崇拜　這時候的人民，繼承古代遺傳的群神崇拜，而信神示鬼彪。所謂神即天神，在天神之中，以昊天上帝為最尊，其次則有五帝：東方蒼帝主木，其名曰靈威仰；南方赤帝主火，其名曰赤熛怒；中央黃帝主土，其名曰含樞紐；西方白帝主金，其名曰白招拒；北方黑帝主水，其名曰叶光紀。禮記有祀昊天與祀五帝的規定。這種思想純由尊王的觀念而來，憑人世國家的組織，描寫天國的情狀，昊天上帝好像天國中的君王，其餘五帝群神，好像天國中的王侯及臣宰，為昊天上帝所使役。世間君王也是昊天上帝所差遣而來，五帝的化身，替天行道的。漢高祖斬蛇起義，嫗哭曰：吾子白帝子，今為赤帝子所斬，明明說漢高是赤帝的化身。

天神之中，又有司中司命風師雨師雷神雲神以及日月星辰之神，各司其在天之職守。

天神之外，又有一種人神，〈國語周語〉裡記著：『有神，人面，白毛，虎爪，執鉞，是為蓐收，天之刑神也。』蓐收是秋神，〈禮記月令〉：『孟秋之月，其帝少昊，其神蓐收。』因為秋令主殺，故曰刑神。〈墨子明鬼篇〉裡也記著：『有神，鳥身，素服三絕，面正方，曰予為勾芒。』勾芒為司木之神屬於春，故〈禮記月令〉有『孟春之月，其神勾芒』之說。伏羲蛇身人首，女媧亦蛇身，神農為牛首，這些奇怪的形狀都是人神之類。

次言示，示就是地示，社稷五祀五嶽山林川澤四方百物之神，都是地示。地示之中，以社稷為重要，社稷示土穀之神，有德者可以配食，《左傳》說：『共工氏之子曰勾龍為后土，烈山氏之子曰柱，為稷』（見昭公二十九年）祭法說：『厲山氏之有天下也，其子曰農，能殖百穀，夏之衰也，周棄繼之，故祀以為稷。』土與穀是民生的重要問題，所以凡不能奉祀社稷之君，便為無道之君，就必失國。葛伯不祀，湯始征之，武王數紂之罪曰：『昏棄厥肆祀』因為他們不祀，所以要『變置社稷』變置社稷就是亡國。此外所祀五祀五嶽之神，據《山海經》所列數目，多至數百，《楚辭》屈原九歌、湘君篇有所謂湘水之神，或稱為湘夫人，秦博士則謂即堯之二女——娥皇女英，抱扑子謂馮夷渡河溺死，封為河伯，屈原莊周都有同樣的說法。又有所謂雒嬪，也是水神，曹子建有〈洛神賦〉，就是指這神的。諸如此類，不勝枚舉。

再次言鬼，鬼本來是歸的意思，《說文》『人所歸為鬼』《釋言》『鬼之為言歸也』，故古人謂死人為歸人；禮運謂『形氣歸於天，形魄歸於地。』可見古人深信在現世以外，另有一鬼世界，人死就是從現在世界歸到鬼世界，所以現世有冤怨的事，可以到鬼世界中去圖報復。這樣的事，我們單從左傳裡可以看見許多像莊公八年『齊侯田於貝邱，見大豕，從者曰：公子彭生也。』

僖公十年『狐突適下國——曲沃——遇太子，太子曰：帝許我罰有罪矣。』文公二年，躋僖公先於閔公，夏父弗忌曰：『吾見新鬼大，故鬼小』新鬼指僖公，故鬼指閔公。『宣公十五年，魏顆與秦將杜回戰，見老人結草以亢杜回，杜回躓而顛，故獲之；夜夢之曰：余，而所嫁父人之父也。』此外如頴考叔索命於子都，鄭人相驚以伯有，在《左傳》中很多這類的記載。〈墨子明鬼篇〉中更有許多果報的事：如周宣王殺杜伯不辜，杜伯挾朱矢射王而死；燕簡公殺莊子儀不辜，莊子儀荷朱杖而擊之，殪之車上；還有什麼觀辜，中里徼等等都是說到鬼的索命，像是實有其事的。

再說到鬽，鬽是一種怪物，魑魅魍魎一類的東西。〈周禮夏官〉有方相氏，蒙熊皮，黃金四目，玄衣朱裳，執戈揚眉，以毆石木之怪曰方良。〈秋官〉中有庭氏。專門射妖鳥。方良妖鳥，都是鬽的一類。《管子》記：『涸澤之精，曰慶忌，若人，長四寸，衣黃衣，冠黃冠，戴黃蓋，乘小馬，好疾馳，可使千里外一日返報。涸川之精曰螐，一頭而兩身，其形若蛇，長八尺，呼其名，可取魚鱉。』(見管子水地篇) 這些都是物鬽。夏禹鑄其形於九鼎，使民知神奸，可知古人皆深信有這些東西。對於這些神示鬼鬽，由莫測而畏懼，由畏懼而崇拜，國家且特設專官，如〈周禮春官大宗伯〉，專管天神人鬼地示的禮，冬至祭天生人鬼，夏至祭地示物鬽，認為是國家隆重的典禮。

乙　宗教思想的變遷　本來天帝是神聖的，鬼神是可怕的，祇許崇拜，不許懷疑。到了周代，那些詩人，看見時代的紛擾，干戈的相尋，便漸漸發生出懷疑的思想來，所以在他們的詩裡，有這種懷疑的表示。歷來不是說天是愛人的嗎？但是為什麼有許多水旱天災，使人民死於無辜呢？歷來不是說天是厭亂的嗎？但是為什麼有許多戰爭的慘劇，使人民死於刀兵呢？那些流離死亡的人民，究竟犯了什麼大罪呢？所以有『昊天不惠，降此大戾』『昊天不弔』『天之方虐』等一類的疑問。當我們讀到詩經的時候，看見許多這樣的句子，這可見當時在宗教思想上有顯明的改變了。

還有，在春秋戰國的時候，學術朋興，思想解放，大多數學者都發表他的自由思想，自由的言論，對於古代思想，都加以價值的重估。像老子極端否定天的意志，予遺傳的宗教思想以極大打擊；孔子雖不明名推翻天的意志，但也表示出他的懷疑。只有一個墨子，獨獨死守著天鬼的信仰，做古代宗教思想上的一個忠臣。可見在學者方面，在宗教思想上已經有很顯著的變遷了。

丙　宗教思想的兩條路　從春秋戰國一般學者的言論發表以後，在宗教思想上就分出了兩條路來：一條是懷疑的路向，一條是迷信的路向。走懷疑路向的，大概是所謂智識階級，他們把前人所肯定的信仰，輕輕地把他推翻，並且從懷疑的道路走入到反對的地步。老子的思想可以說是做了思想革命的先鋒，他把有意志的天變成了一個抽象的道，道是自然，用機械的觀念來估定他的價值，所以說：『天地不仁，以萬物為芻狗』『天網恢恢，疏而不失』。繼老子而起的莊子也是這樣看法。抱中庸態度的孔子也有『天何言哉！四時行焉，百物生焉，天何言哉！』與『敬鬼神而遠之』等話。四時行，百物生，是天道的自然，可見孔子思想，也是以自然為歸。鬼神既然要敬，何以又要遠他呢？因為要遠他就不應當敬他；要敬他，就不應當遠他；這就可以明白孔子的思想了。從此以後，在智識階級一方面，就抱著這種懷疑的思想，去對付古代遺教的宗教信仰。

但是大多數的平民，不但是走那一條古代信仰的路，迷信天神人鬼，更是加上後來許多道教佛教的迷信東西，格外地變本加厲了！這些古代遺傳的天鬼信仰，為什麼沒有給老子孔子推翻呢？我看有兩樣大緣故：第一，老子的話太高深，普通人民都不能懂得；孔子的話太模稜，也不能使人明白他的眞義。第二，有墨子那些保守的人出來提倡，說天說鬼，頗能迎合普通人民的心理。所以不獨古代群神崇拜的宗教思想，來是深植在普通社會之中，而且後來漢代的什麼讖緯學說，與符籙丹鼎的道教產生原有的天鬼信仰上，加添了許多迷信，一直流傳到現在，還不能完全破除。這便是中國宗教思想兩條很顯著的路向。

第二節　夏商的宗教

甲　對天的虔祀　祀天是起於封禪，《管子》說七十二家封禪，歷舉無懷、伏羲、神農、黃帝、堯舜、以至於禹湯成王等，以明其起源的古。什麼叫封禪？在泰山上築壇祭天叫做封，在梁父除地祭，地叫做禪，古代易姓而王天下的時候，必行這種典禮。後來這種祭祀，不必一定到泰山上去，就在京城的外面舉行，這就叫做郊社之祭，《中庸》所說的『郊社之禮，所以祭上帝也。』詩序裡說：『郊祀天地』，古時冬至祀天於南郊，夏至祀天於北郊。郊祀天地者，即祀天地間的上帝，所以《月令》有：『孟春之月，天子乃以元日祈穀於上帝』，〈郊特牲〉又說：『郊之祭也，迎日長之至也』，可見郊祭的一件事，在一年中有好幾次舉行。不過這種祭祀，只有天子可以主祭，其餘的人，都不能冒濫祭天的。到了夏朝，祭天格外虔誠，孔子贊美夏禹說：『禹吾無間然矣：菲飲食而致孝乎鬼神，惡衣服而致美乎黻冕，卑宮室而盡力乎溝洫。』（見論語卷八）黻冕是祭天的禮服，自奉非常儉約，而祭天的禮服，卻十分講究，可見那時祭天的虔誠了。商朝周朝對於祭天的注重也是如此。商朝在祀天之外，又很信鬼，周朝自周公制禮作樂，對於祀天的禮節，格外隆重，這都可以見得當時祀天的虔誠了。

乙　祀天的整頓　在《尚書》裡記著一件事，叫我們非常希奇，就是《呂刑》裡一道『絕地天通』的命令。這道命令，只有兩句話：

『乃命重黎「絕地天通」，罔有降格。』

孔穎達《疏》解這一件事，說道：

『三苗亂德，民神雜擾，帝堯既誅苗民，乃命重黎二氏，使絕天地相通，令民神不雜，於是天神無有下至地，地民無有上至天，言天神地民不相雜也。』

孔氏這段解釋是不是正確？我們也無從斷定。但是在國語楚語中，卻有一段記載，解釋這個問題的：

『昭王問于觀射父曰：周書所謂重黎實使天地不通者何也？若無然，民將能登天乎？』

這是楚昭王讀了《尚書》所發生的疑問，這個問題，我們也要問的，但觀射父怎樣回答呢？

『對曰：非此之謂也！古者民神不雜民之精爽不攜貳者，而又能齊肅衷正，其智能上下比義，其聖能光遠宣期，其明能光照之，其聰能聽徹之，如是，則神明降之，在男曰覡，在女曰巫。……』

這是說天神下降，祇憑覡巫，因為他們的智聖明聰，可以感召神明。到後來不一定是智聖明聰的人，也做起巫覡來，所以弄得紛亂了。故又說：

『及少皞之衰也，九黎亂德，民神雜揉，不可方物，夫人作享，家為巫史，無有要質，民匱於祀，而不知其福，烝享無度，民神同位，民瀆齊盟，無有嚴威，神狎民則，不蠲其為，嘉生不祥，無物以享，禍災荐臻，莫盡其氣。』

這是說巫職淆亂，神明不肯降福，因為不當作巫覡的人，也冒充巫覡，所以人民虛費了祭享的禮物，得不到什麼福氣，反而因此耗費財務，田事也荒廢了，這是九黎亂德的罪孽，所以要加以整頓了。怎樣整頓呢？

『顓頊受之，乃命南正重司天，以屬神，命火正黎司地，以屬民，使復舊常，無相侵瀆，是謂絕地天通。』

這裡方才說他的緣故來，但是我們從《國語》《尚書》兩處記載看出有幾點不同的地方：（1）《尚書》說重黎即羲和是堯所命的，堯命羲和世掌天地四時之官，使人神不擾。《國語》則說是顓頊所命，重黎乃是羲和的祖宗，鄭玄以為自『皇帝哀矜庶戮之不辜』以下至『罔有降格』都是說顓頊的事體，『皇帝清問下民』以下方是說堯的事體。（2）孔《疏》謂三苗亂德，《國語》謂九黎亂德，在少皞之時。《楚語》又說『三苗復九黎之德』則知三苗為九黎之後。（3）孔《疏》謂天神無有下至地，地民無有上至天，足以引起人的誤會；《國語》謂司天以屬神，司地以屬民，方才把神事民事分別出一個界限來。

總之：這一件故事，不能不說是中國古代宗教上一大公案，其原因由於祭祀冒濫，違反古代『各以其職當祭之神』的定例。原來古代祭祀的權限，分別得很嚴，不能有絲毫僭冒，到了春秋，還是如此，所以季氏旅於泰山，孔子便斥他僭禮，桓公欲行封禪，管仲竭力加以勸阻。而且在這段故事裡看出神事民事的分別，又好像是一種政教分離的主張。

丙　夏禹的得天眷　虔誠祀天的人，必定眷顧他，這是古代牢不可破的宗教信仰。夏禹是一個虔誠祀天的人，所以他就得到天的特別眷顧，《洪範》裡記箕子的話說：

『我聞在昔，鯀陻洪水，汨陳其五行，帝乃震怒，不畀洪範九疇，彝倫攸斁；鯀則殛死，禹乃嗣興，天乃錫禹洪範九疇，彝倫攸敘。』

九疇是夏代的九條治國憲法，在政治上有重大關係的；天帝把他來做賞功的獎品。天怒鯀治水無功，所以不給他，天喜禹治水有功，所以給他這九條獎品；這獎品又好像是做皇帝的記號。帝乃震怒，天乃錫禹，明明寫出一個有意志而施賞罰的上帝，他的賞罰，是以人的行為做標準，而人的行為，又以能否隨順自然之理為標準。鯀不能隨順自然之理，乃至汩陳其五行，天於是震怒而罰他。五行，金木水火土，古代認為是宇宙的原理；把五行擾亂了，宇宙間人類便不能安居而生活，是一種違反天理擾亂宇宙秩序的大罪。所以後來啟伐有扈，他的誓師理由，也是因為『有扈氏侮慢五行』，可見五行是夏朝特別注重的一點，列為國憲中第一條。禹能懂得五行的道理，所以能順水性，使氾濫無歸的洪水，流道江海之中——瀹濟漯而注之海，決汝漢，排淮泗而注之江——十三年的苦心經營，竟能把這樣的巨大的工程，在短時間內做成，好像不是他的力量，乃是天幫助他成功的。所以時人顧頡剛不承認有禹這個人，是九鼎上的一個蟲，因為用十三年的短時間來治平洪水，是不可能的事。（見古史辨）但是在《洪範》這篇書裡，描寫出天的眷顧，由於虔誠祀天的緣故，這種天啟的神權政治，確是古人宗教思想中的一幕。

丁　祀祖的起源　祀祖這一件事，也是起源得很早，紀年所記：

『黃帝崩，其臣左徹取衣冠几杖而廟祀之。』（見澤史卷五引紀年及博物志語）

這便是祀祖的濫觴了。從此以後，歷代的帝王便根據這種意義，而發生祖宗的祭祀，像國語所記：

『有虞氏禘黃帝而祖顓頊，郊堯而宗舜。夏后氏禘黃帝而祖顓頊，郊鯀而宗禹。商人禘舜而祖契，郊冥而宗湯。周人禘嚳而郊稷，祖文王而宗武王。』見國語魯語上

祭法裡也說：

『有虞氏禘黃帝而郊嚳，祖顓頊而宗堯。夏后氏禘黃帝而郊鯀，祖顓頊而宗禹。殷人禘嚳而郊冥，祖契而宗湯。周人禘嚳而郊稷，祖文王而宗武王。』

祖與宗原是一種祭祀的名稱，所謂『祖有功，宗有德』是也。鄭玄注：『有虞氏以上尚德，禘郊祖宗，配用有德者而已；自夏已下，稍用其姓氏知先後次第。』這是說最初的祀祖並不以血統為標準，乃是以功德為標準。試觀有虞氏所祖宗的人，不是有虞氏血統上的親屬，若照血統講，舜父是瞽瞍，祖是橋牛。何以不宗瞽瞍而獨宗堯，不祖橋牛而祖顓頊呢？其尚功德而不尚血統可知。到夏后氏以後，方始祖宗血統，『郊鯀而宗禹』周代也祖文王而宗武王了。從此對於祖宗的祭祀看得非常重要，甚至與祭天並列，所謂『萬物本乎天，人本乎祖』便成為中國古代的二神宗教，即宗教的二元論了。

不過當時的祀祖，還有階級上的限制，規定天子祭七廟——一壇，一墠，考廟，王考廟，顯考廟，祖考廟，遠廟——諸侯王廟，大夫三廟，適士二廟，官師一廟，庶士庶人無廟，祗能薦之於寢，見禮記祭法王制說：『庶人薦於寢』，可見當時的祭祖，是有階級上的限制的。到周朝的末了，

時局紛亂起來，這些有限制的禮節，便為自由的空氣衝破了。

這種祀祖與祀天並重的風尚，便成了中國宗法社會的骨幹。藉祭祖的方法來親睦九族，結成一個宗法團體，在古代社會思想中，未始不有相當的價值。流傳既久，失去了祭祖的原意，固守著狹隘的家族觀念，其流弊所及，就是減殺了人民的愛國思想。愛宗族勝於愛國家的思想，至今還沒有打破，南方人民中，常聞有兩姓械鬥的慘劇，認一宗族的羞辱，非犧牲性命去報復不可！這都是由於宗法社會所演成的結果，由以祭祖為其主要的原因。

戊　殷人的信鬼

〈禮記表記〉裡有一段話，是描寫殷人信鬼的情形，就是說：

『夏道尊命，事鬼敬神而遠之，近人而忠焉。……殷人尊神，率民以事神，先鬼而後禮。……周人尊禮尚施，事鬼敬神而遠之，近人而忠焉。』

夏與周皆遠鬼神而近人，惟殷人則先鬼而後禮，什麼叫先鬼而後禮呢？鄭玄解釋這句話，說是『內宗廟，外朝廷。』什麼叫內宗廟？重在鬼治；什麼叫外朝廷？重在人治。夏與周都是內朝廷而外宗廟，惟殷人則內宗廟而外朝廷，可見殷人的政治，是依據鬼神做標準的。我們看盤庚遷都，他布告中的理由，並不說地理的形勢與民生的關係，倒是說到天的意旨。說道：『我以卜之於天，今不承於古，罔知天之斷命』『天其永命於茲新邑』『肆上帝將復我高祖之德，用永地於新邑』。（見尚書盤庚）這便是遷都的唯一理由了。

還有一樁可笑的事，就是因為武乙做了一個木偶的天神，玩著遊戲，便算為戮辱了天神，以致觸犯天怒，給暴雷打死了。這一件事，在史記殷本紀裡寫著，算為殷代歷史上的重要事實，可見殷人神鬼信仰，比夏朝更要厲害。他們把一切政治都屬之於鬼神，甚至把一切人民的生活，都是好像為鬼神的緣故。人為什麼要做好人？是為了要得鬼神的祝福，可以延承祖宗的血統，使祖宗的廟祀烝嘗不致缺乏。推而至於人的生活，處處以以鬼神為前提，無論一舉一動，莫不有鬼神在那裡陰相；所以最要緊的事，要博得鬼神的歡喜，這就是因人內宗廟的意義。假使我們從殷墟甲骨文中去研究，可以從一類屬於祭祀的文字中，見得殷人的鬼神信仰，確是如此。

第三節　周代宗教思想的變遷

甲　明堂制度與宗教　明堂是古代政治教育上的一種制度，我們研究宗教思想不能不把他說個明白。但卻不很容易，因為在古書中講到明堂很不一致；而且漢以後的討論，言人人殊，很難得其眞相，現在且根據古書所載：像《周官考工記》《大戴禮記》《月令》《明堂位》等以及歷代討論明堂的重要作品如蔡邕《明堂論》李謐《明堂制度》朱熹《明堂說》及清代惠棟《明堂大道錄》任啟運《朝廟宮室考》焦循群《經宮室圖》阮元《揅經室集》——等加以系統的敘述，證明古代明堂與宗教的關係。

（一）明堂的起源。〈大戴禮盛德篇〉說：『明堂者古有之也』，權輿於伏羲的《易》義，蔡邕謂『易曰：離也者，明也，……聖人南面而聽天下，鄉明而治，……故雖有五名而主以明堂也。』〈淮南子主術訓〉，桓譚《新論》，皆言起自神農：〈主術訓〉說：

『昔者神農之治天下也，歲終獻功，以時嘗穀祀於明堂，明堂之制，有蓋而無四方，風雨不能襲，寒暑不能傷。』

所謂『以時嘗穀祀於明堂』與〈禮記月令〉所說『天子居明堂，以時嘗穀之始』正同。《新論》說：『神農氏祀明堂，有蓋而無四方。』與《淮南》之說無異，可見當時必有其他古籍做根據的。此後黃帝而堯舜而夏殷周，都以這制度為王者行政的要事，所以齊宣王欲毀明堂時，孟子勸他『王欲行王政，則勿毀之矣。』（見孟子卷一）在政治上佔了重要的地位，所以歷代帝王都很看重他。不過歷代的名稱並不一樣，而且制度也是由簡而繁了。據《尸子》及《考工記》所載：

『神農曰天府，黃帝曰合宮，陶唐曰衢室，有虞曰總章，夏曰世室，殷曰陽館，又曰重屋，周曰明堂。』

明堂有五室：東曰青陽，南曰明堂，西曰總章，北曰元堂，中曰太室，一曰太廟。名稱雖不同，而其為古帝王行政之所則一，其起源之古，似不可否認的。

（二）明堂的制度。明堂制度，由簡而繁，有古明堂與後世明堂之不同。神農之世，宮室制度未備，僅有蓋而無四方，黃帝時亦如之，〈漢書郊祀志〉與〈史記封禪書〉記武帝欲治明堂，濟南人上《黃帝圖》說：

『上欲治明堂，奉高未曉其制，濟南人公玉帶上黃帝時明堂圖，明堂中有一殿，四方無壁，以茅蓋通水，水圜宮垣為復道，上有樓，從西南入，名曰昆侖，天子從之入，以拜祀上帝焉。』

又〈素問五運行大論〉說：『黃帝坐明堂，始正天綱，臨觀八極，考建五常。』惠棟謂：『五常。五氣行天地之中』，桓譚曾說：『明堂，堯謂之五府』鄭玄註《大傳》謂即大室之義『大室者，明堂之中央室也。』可見自黃帝以後，明堂分為五室。《堯典》說：『正月上日，受終於文祖』，鄭註『文祖者，五府之大名，猶周之明堂。』又可見堯時凡舉行大典，必在明堂。五室相通，故當時稱為衢室，取古制四面無壁之意。尚書記舜巡狩歸來，格於藝祖，馬融訓藝為禰，鄭玄謂藝祖由周之明堂。《祭法》謂『有虞氏禘黃帝而郊嚳，祖顓頊而宗堯』，鄭注：『祭五帝五神於明堂曰祖宗』，是則明堂為祭祀祖宗之所，故稱之曰文祖或藝祖。當時又稱為總章或總期，尸子說：『觀堯舜之行於總章』張衡〈東京賦〉：『有虞總期』，總章總期，意即總享，總享天神，以祖宗配之，這種大典，亦必於明堂行之。

及至夏殷周之世，制度漸備，〈考工記匠人〉說：

『夏后氏世室，堂修二七，廣四修一，五室三四步，四三尺，九階，四旁兩夾，窗白盛，門堂三之二，室三之一。殷人重屋，堂修七尋，堂崇三尺，四阿重屋。周人明堂，度九尺之筵，南北七筵，堂崇一筵，五室凡室二筵。』

這是說三代明堂的制度，我們覺得不很清楚，惟惠棟〈明道大道錄〉引〈大戴禮盛德篇〉

所記，較為詳細：

『明堂考，古有之也。凡九室，一室而有四戶八牖，（大戴記此處有凡字）三十六戶，七十二牖，以茅蓋屋，上圓下方；……其外水明辟雍。……明堂月令，赤，綴戶也，白，綴牖也，二九四，七五三，六一八；堂高三尺，（大戴記作堂高三丈）東西九筵，南北七筵，上圓下方，九室十二堂，室四戶，戶二牖，其方三百步，（此下據通典補入）堂方百四十四尺，坤之策也，屋圜徑二百一十六尺，乾之策也，太廟明堂方三十六丈，通天屋徑九丈，陰陽九六之變，圓蓋方載，六九之道，八闥以象八卦，九室以象九州，十二宮以應十二辰，三十六戶七十二牖，以四戶八牖乘九室之數也。戶皆外設而不閉，示天下不藏也，通天屋高八十一尺，黃鐘九九之實也，二十八柱，列於四方，亦七宿之象也，堂高三尺以應三統，四鄉五色，各象其行，外博二十四丈，以應節氣也。（此下據隋書宇文愷傳補入）凡人民疾，六畜疫，五穀災者，生於天道不順；天道不順，生於明堂不飾。故有天災則飾明堂也。』

此外如〈周書明堂〉〈孝經援神契〉阮諶《三禮圖說》，皆有關於制度的說明，大旨尚與上述相同。據此，我們可以知道他的變遷，前為五室制，後為九室制，《考工記》言五室，《大戴禮》言九室十二堂，歷來對於這點，也有不少討論，但不若夏炘之說為明白，其言曰：

『以中央之室言之，曰五室，兼四隅言之，曰九室，又兼左右个虛數言之，曰十二室，其實一也。』（學禮管釋卷六）

阮元《明堂論》解釋尤為詳盡：

『明堂者，天子所居之初名也：是故祀上帝則於是，祭祖先則於是，朝諸侯則於是，養老尊賢教國子則於是，饗射獻俘馘則於是，治天文告朔則於是，抑且天子寢食恒於是：此古之明堂也。黃帝堯舜氏作，宮室乃備，洎夏商周三代，文治益隆，於是天子所居，在邦畿王城之中，三門三朝，後曰路寢，四時不遷，路寢之制，準郊外明堂四方之一，鄉南而治，故路寢猶襲古號曰明堂。若夫祭昊天上帝，則有圜丘，祭祖考則有應門內左之宗廟，朝諸侯則有朝廷，養老尊賢教國子獻俘馘則有辟雍學校。其地既分，其禮愈備，故域中無明堂也。然而聖人事必師古，禮不忘本，於近郊東南，別建明堂以存古制，藏古帝治法冊典於此，或祀五帝，布時令，朝四方諸侯，非常典禮，乃於此行之，……此後世之明堂也。』擘經室集明堂論

這一段把古今明堂制度分別得很清楚，可見古代事務簡單，凡一切關於政治、宗教、教育，都於一明堂中舉行；後世人事漸繁，便分為若干獨立的部分，所以嚴杰輯〈經義叢鈔明堂解〉中有曰：

『鎬京之明堂，文王廟也，洛邑之明堂，是周公朝諸侯之地也，太山之明堂，是古天子巡狩朝諸侯之處。』

這明明有幾個明堂了。

(三) 明堂的應用。惠棟說：『明堂為天子太廟，禘祭、宗祀、朝覲、耕耤、養老、尊賢、饗射、獻俘、治曆、望氣、告朔、行政，皆行於其中，故為大教之宮。』蔡邕也曾說：『取其宗祀之貌則曰清廟；取其正室之貌則曰太廟；取其尊崇則曰太室；取其堂則曰明堂；取其四門之學則曰太學；取其四面周水圜如壁則曰辟雍；異明而同事，其實一也。』穎子容《春秋釋例》則云：『太廟有八名其體一也。』義亦相同。上引俱見明堂大道錄 這樣，我們可以知道古代明堂，乃一切行政的中心，現在我們可以歸納做三個大綱，就是聽政，施教，和祭祀。這裡先把前二綱說明：

關於聽政的方面，鄭玄注孝經則曰：『明堂者天子布政之堂』〈大戴禮少閒篇〉『成湯作八政，命於總章。』但究竟所行何政？據大傳所云有五『一曰治親，二曰報功，三曰舉賢，四曰使能，五曰存愛。』《明堂月令》亦云：『每月當行之政，施惠於百姓，養老存孤，尊賢折獄，整飭農事，論國典』等等。除此之外，又注重治曆『古諸侯朝於天子，受月令以歸，每月告朔朝廟，出而行之』鄭注〈周禮春官〉則曰『天子頒朔於諸侯，諸侯藏之祖廟。』可見明堂為天子頒朔、聽朔、告朔之所，所以《唐會要》有『每月於明堂行告朔之禮』的話。王方慶釋之曰：『人君以禮告廟，則謂之告朔，聽視此月之政，則謂之視朔，亦曰聽朔。』見舊唐書禮樂志　周禮太宰曰：『正月之吉……縣治象之灋於象魏，使萬民觀治象，挾日即斂之。』賈《疏》『縣治象之灋於雉門象魏，從甲至甲凡十日，斂藏之明堂，月月受而行之，謂之告朔也。』象魏是什麼？說是兩觀的闕處，即在明堂外南面牆上，懸曆數以告諸侯，其重視治曆如是。

明堂又為諸侯朝覲之所，〈逸周書明堂篇〉『大會諸侯明堂之位……明堂，明諸侯之尊卑也。』與〈禮記明堂位〉說略同，惟《禮記》則標明『周公朝諸侯』之所。故古有天了按月居明堂的規定，孟春居青陽左个，仲春居青陽太廟，季春居青陽右个，以次及於明堂總章元堂的左右个，一年適輪居一周，每逢閏月則居寢門，就是所謂路寢之中，這樣明堂與路寢同在一處，而為天子住宿聽政之所。

關於教育的方面，〈大戴禮盛德篇〉說：『明堂外水曰辟雍。』辟雍者，天子所設的大學，《祭義》有『天子設四學』，四學即東學南學西學北學，〈大戴禮保傅篇〉曰：『帝入東學，上親而貴仁……帝入南學，上齒而貴信……，帝入西學，上貴而尊爵……帝入大學，承師問道，此五者既成於上，則百姓黎民化輯於下。』尚書大傳同　荀子所以有『下以教誨子弟，上以事祖考』的考證。見荀子成相篇　推此義以教天下，所以明堂稱為大教之宮。《祭義》又曰：

『祀乎明堂，所以教諸侯之孝也；食三老五更於大學，所以郊諸侯之弟也；祀先賢於西學，所以教諸侯之德也；耕耤，所以教諸侯之養也，朝覲，所以教諸侯之臣也；五者天下之大教也。』

可知明堂是教育道德之所，大學辟雍，尤為特立的教育部，這種制度，原為古代相傳的成法，至周而大備。王制曰：

『有虞氏養國老於上庠，養庶老於下庠；夏后氏養國老於東序，庶養老於西序；殷人養國老於右學，養庶老於左學；周人養國老於東膠，養庶老於虞庠，虞庠在國之西郊。』

上庠東序右學東膠，皆歷代大學的名稱，亦即上述四學以外的大學，所以說『大學者，中學明堂之位也。』見魏文侯孝經傳　亦總其名曰辟雍，王制說：『天子曰辟雍，圜如辟，雍以水，……諸侯曰泮宮，半有水，半有宮也。……夏天子曰重屋，諸侯曰廣宗；殷天子曰大廟，諸侯曰世室；周天子曰辟雍，諸侯曰泮宮，鄉曰庠，里曰序』見明堂大道錄卷六雜引　此皆歷代學校的名稱。此種學校，注重道德的教育；養老之外又有習射、耕耤的事。習射為尚武教育，耕耤為農事教育，孔廣森有《辟雍四學解》阮元有《辟雝解》，（見精義叢鈔）敘述得非常詳細，這裡無庸贅述了。

（四）現在我們來講祭祀的一層，就是關於宗教的問題，這是明堂制度中最重要的意義，也是本篇中注重的一點。據明堂大道錄所敘述的明堂歷史，說從神農首創明堂，即以嘗穀致祀為首務；黃帝合宮，亦有拜祀上帝於昆侖之文，所謂：『黃帝接萬靈於明廷。』厥後堯稱五府，所以聚五帝之神，故〈書緯帝命驗〉說：『五府皆祀五帝之所』舜，受堯禪，一則曰『受終於文祖』，則再曰『歸格於藝祖』，鄭釋皆為明堂之稱。後來祀祖配天，稱祭五帝於明堂曰祖宗。所以總明堂祭祀之禮，可分為三類：即祀昊天，祀五帝，祀祖宗。明堂是法天而治的，所以古天子祭天，或禘或郊，皆於明堂中行之。劉歆《七略》有曰：

『王者師天地，體天而行，是以明堂之制，內有太室，象紫薇，南出明堂，象太微。』

《大戴禮》也說『明堂天法也』《御覽》也說『明堂者天道之堂也』故以昊天為首祀。（上引俱見明道大道錄）其次即祀五帝五神，金鶚《求古錄明堂考》說：『五帝為五行之精，佐昊天化育，其尊亞於昊天。』《明堂月令》說：

『春其帝太皞，其神勾芒；夏其帝炎帝，其神祝融；中央其帝黃帝，其神后土；秋其帝少皞，其神蓐收；東其帝顓頊，其神元冥。』

在天為五帝，在帝為五神，天子祀之，謂之五祀；明堂祀五帝，合之昊天，則謂之六天，古代祀昊天五帝，注重在時令，為農業上重要的事，故其出發點是建築在農業社會思想之上，古書關於這一點的說明很多，這裡不多引證了。

其次莫要於祀祖宗，這是中國宗法社會的根據，所以應當特別注意的。關於祀祖的起源與意義已有另篇說明，此可不贅，惟祀祖配天大約起於周代，蓋周以前尚不從血統上祀祖，周以後始有『宗祀文王於明堂以配上帝』的事。〈詩周頌我將序〉『我將祀文王於明堂也』的話，可以證明是從武王周宮起頭的。故〈大戴禮盛德篇〉有『明堂者，文王之廟也』的話，以明堂大室為宗祀之所。蔡邕《明堂論》有曰：『以清廟論之，魯太廟，皆明堂也，魯禘祀周公於太廟明堂，猶周宗祀文王於清廟明堂』《左傳》所謂『清廟茅屋』或即明堂以茅蓋屋之義。漢武帝欲復古明堂制，而建三宮，即辟雍明堂靈臺，靈臺即清廟之制，建立於長安西北，猶守古之遺制。周代禮儀繁多，故祭祀亦漸複雜，關於祭昊天，祭祖考，皆別立宮廟以專其事，便有廟室之明堂，宮壇之明堂，與國內之明堂，郊外之明堂，泰山之明堂等等的分別。

總之：明堂在宗教方面，不但是佔得重要的部分，卻是從宗教的意義而產生的，與古代的宗教思想，實有極密切的關係。（詳見明堂大道錄）

乙　天道觀念的變遷　周代的宗教思想可以分為兩部分：一為西周一為東周。西周室承襲的，東周是革新的。在承襲的西周時代關係最大的人，要算周公這個人了；他不但在宗教思想上有極大的關係，簡直是中國上古文化的主角。他的制禮作樂，上紹堯舜禹湯文武之緒，下啟孔孟儒術之運，承前啟後，實是中國文化史上的重要人物。他所定的〈周禮六官〉 姚際恆古今偽書考謂周禮出於西漢之末不是周公所著 ，不但在政治組織上有創造的系統，尤其為中國歷代官制的根據；即就宗教一方面講來，有許多專管際祀的專官，祀天祭祖的二神宗教因以完成，較諸夏殷二代尤為注重，等諸猶太宗教中的摩西，原無多讓。

當時所承認的天，與猶太教所承認的上帝，原無兩樣；以為天是賞善罰惡的主宰，一切易朝更姓的政治變遷，莫不有天意存於其間。所以當武王伐紂的時候，牧野誓師的言論中，有『今予發惟恭行天之罰』的話；眾人亦以『上帝臨汝，無貳爾心』來鼓勵武王。 見尚書牧誓 周公勸戒成王，也歷舉天命所屬為言，說道：『有命自天，命此文王，於周於京，……篤生武王，保佑命爾，變伐大商。』 見詩經大明篇 後來周公攝政，討伐管蔡，以天命不易的道理來告誡諸侯，在〈書大誥〉中說：『迪知上帝命，粤天棐忱，爾時罔敢易定，矧今天降戾於周邦？爾亦不知天命之不易？』這都是承認凡事都由天定，不可勉強；應當順從天命，修身以俟之。所以在〈詩大雅板〉之篇裡召穆公告誡厲王說：『敬天之怒，無敢戲豫，敬天之渝，無敢馳驅。』又在〈雨無正〉及〈小宛〉詩裡說：『凡百君子，各敬爾身』『各敬爾儀，天命不凡，夙興夜寐，無忝爾所生。』這都是相信修身可挽回天意；假使不能修身，一旦遇到什麼禍難，並不是天的暴虐，乃是自取其咎，所以〈書酒誥〉周公戒康叔說：『天非虐，惟民自速辜』〈詩大雅蕩〉之篇說：『匪上帝不時，殷不用舊。』因為他們認為上帝是慈悲的，像《呂刑》所說：『上帝監民，罔有馨香德，刑發聞惟腥』明明說上帝是歡喜善德不歡喜刑罰，所以又說：『天亦哀於四方民。』但有時天也發怒了，不過在震怒之中，仍不失其慈悲之意。像〈書金縢〉篇記：『周公居東，天用大風雷霆為之洗冤，等到成王覺悟了，去迎接周公回來，天就馬上反風，年歲太熟。』那些史官特別把『日食』『星隕』『彗見』……記出來，表明上帝的示戒，要人人能夠『敬天之怒』『畏天之威』『小心翼翼』去『昭示上帝』這大概是西周時代對天的觀念。

到了東周，時局發生變亂，人民不得安定，感受著戰爭及水旱的痛苦，對於天道便發生了懷疑。於是在詩裡面表現出一般人的懷疑，像節南山篇裡所說：『昊天不傭，降此鞠凶，昊天不惠，降此大戾，不弔昊天，亂靡有定；昊天不平，我王不寧』雨無正篇裡所說：『浩浩昊天，不駿其德，降喪饑饉，斬伐四國』『如何昊天，辟言不信？』蕩之篇說：『疾威上帝，其命多辟，天生烝民，其命多諶』這明明懷疑到向所稱頌的仁慈的天，今忽這樣地暴虐無信了！這一類不平不惠不信方虐多辟等名詞，從前不敢用來加上帝之上的，今竟直爽地宣布天的罪狀了。加以一般學者，發表他們的自由思想與言論，所以自古相傳的有意志而具人格的天，竟根本的動搖起來了。

丙　春秋戰國學者的宗教思想

（一）道家　把古代有意志的天，根本上加以否定的。要算道家的老莊一派了。他們以『自然』為宇宙的本體，『自然』是機械的，老子說：『天地不仁，以萬物為芻狗』（見老子五章）『善閉無關楗而不開，善結無繩約而不可解。』（見老子二十七章）莊子也說：『意者其有機緘而不得已耶？意者其運轉而不能自止耶？』（見莊子天運篇）這都足以表明他們的機械觀念。莊子又叫這種機械的運轉為『天均』『天倫』『自生』『自化』——自生者不得不生，自化者不得不化——這裡所說的天均的天，明明不同於前面所說的昊天的天，所以老子提出一個『道』字來替代，莊子又提出一個『自』字來替代，是要表明天地不過是一部大機器，既然把他開了，便沒有人把他停止，四時的運行，萬物的變化，無非是這大機器行動發生的現象，並沒有什麼意志在中間的。尋常人以為天道的運行和變化，含著不可測的奇妙，但是在機器的本身，不過『綿綿若存』『天長地久』地無限制無意識的運動罷了，所以莊子說：『天道運而無所積，故萬物成。』（見莊子天運篇）又說：『萬物皆種也，以不同形相禪，始卒若環，莫得其倫』（見莊子寓言篇）與老子『繩繩不可名，復歸於無物』同為一種『輪化』的機械觀念，是屬於天演進化的思想。

他們稱這個『自然』為『道』，老子說：『吾不知其名，字之曰道，強名之曰大。』『道』並不是一個具體的東西，『道之為物，惟恍惟惚』所以他又說一個『無』字，『無』不是『沒有』，乃是不可知，所以又叫他『玄牝』。但是這個不可知的『無』中，就是天下萬物所從出的根源，故曰：『天下萬物生於有，有生於無』『天法道，道法自然』那就可以知道『道等於有，自然等於無』了。這個自然，是超時間與空間的，老子說：『天乃道，道乃久』是說道不受時間限制的。又說：『獨立而不改，周行而不殆，……字之曰道，強名之曰大』是說道不受空間的限制的。一個『久』字，一個『大』字，可以作超時間空間的形容詞，莊子也是這樣，在這裡不必再引證了。

『自然』是宇宙的實在，而不是宇宙的現象，但自然既是『無』的性質，只好從現象去推求，老子說：『萬物並作，吾以觀復，夫物芸芸，各復歸其根』見老子十六章 莊子說：『天其運乎？地其處乎？日月其爭於所乎？孰主張是？孰綱維是？孰居無事推而行是？』見莊子天運論 莊子一套問，好像他在這個問題上有些弄不明白，所以他又說：『若有眞宰而特不得其朕』，『其有眞君存焉』見莊子齊物論 他既然題他的名字叫眞宰、眞君，那末，似乎他承認天地間有個意志的上帝；其實不然，他們都不過是從現象上去觀察實在，對於這個實在到底怎麼樣，只落到一個『惡識所以然，惡識所以不然』的結論。

總而言之：老莊所提出的道的屬性，是十分抽象的，不是一個超然的有意志的上帝，乃是普遍在萬物中的生命元素，不但充滿在有生物中，也是充滿在無生物中，老子說：『窈兮冥兮，其中有精，齊精甚眞，其中有信，……以閱眾甫，……』見老子二十一章 莊子說：『道無不再，在螻蟻，在稊稗，在瓦甓，在屎溺』見莊子知北遊 可見他們是一種汎神思想，而傾向於機械論的，予春秋以前的

超神信仰以大打擊。參閱拙編中國歷史的上帝觀四九至一百頁

（二）儒家　儒家以孔孟為代表，孔孟的態度，與老莊不同。從哲學上講：老莊是從精神中以不能不能知的道為宇宙實際，是實在論者，孔孟是從能見能知的自然現象上推究宇宙本體，是現象論者。孔子對於宇宙本體的討論，只有『天何言哉！四時行焉，百物生焉，天何言哉！』與『是者如斯夫不舍晝夜』，幾句話，做我們研究的根據。他的宇宙觀和人生觀，是往者過來者續那樣生生不息的，所以他對冉有子張都曾說過這樣的道理：

『冉有問於仲尼曰：「未有天地可知耶？」仲尼曰：「可古猶今也。」冉有失問而退。明日復見……「敢問何謂也？」仲尼曰：「……無古無今，無始無終，未有子孫而有孫子，可乎！」』見莊子知北遊

『子張問十世，可知也？子曰：殷因於夏禮，所損益，可知也；周因於殷禮，所損益，可知也；其或繼周者，雖百世，可知也。』見論語卷二

前一條是說從現在可以知往古，後一條是說從現在可以知將來。換句話說：往古來今，都是不可知，祇有現在是實在的；若勉強去推究往古或將來，不免憑空臆造，落得個渺渺茫茫，無可捉摸，那又何苦呢！所以他不講『怪力亂神』罕言『性命天道』。因為那些抽象的問題，與其費九牛二虎之力去討論，仍舊落得玄之又玄，還不如置之不問，單注重到實際的現在生活之為得。所以他不討論到天地的起源，也不討論到死後的情形。他答子貢子路之問說：

『子貢問孔子「死人有知無之也？」孔子曰：「吾欲言死者有知也，恐孝子順孫妨生以送死也；欲言無知，恐不孝子孫棄不葬祀也；賜欲知死人有知無知，死徐自知之，未為晚也。」』說苑辯物

『季路問「事鬼神」，子曰：「未能事人，焉能事鬼？」「敢問死？」曰：「未知生，焉知死？」』論語卷十一

讀這兩段書，可以知道孔子是不信「死後有知」，「人死為鬼」的道理，不過他沒有明把這個悶葫蘆揭破罷了！因為他覺得不應當把他揭破，他看這種鬼神信仰，對於一般社會，還有一部分用處，所以他用這種模稜兩可的話來對付，他把這些問題都放在懷疑之列，不願意多費時間去討論，他自己也絕對不談，所以子貢歎息說：『夫子之文章，可得而聞也；夫子之言性與天道，不可得而聞也。』戴東原對於這段話，有過一種新的解釋：『自孔子言之，實言前聖所未言，微孔子，孰從而聞之？故曰不可得而聞。』見孟子字義疏證　這解釋雖然是創獲，但是從實際上研究孔子，他的確不很討論這些問題，偶然提起天或道，都不過是述說古人的思想，並不是自己的意見，質言之：他是不信鬼神的。他既不信鬼神，為什麼又注重祭祀呢？他的注重祭祀，完全是一種作用，是認為維持倫理思想的一種方法，我們只要看下列的兩條話：『使天下之人，齋明盛服以承祭祀，洋洋乎如在其上，如在其左右。』見中庸　『祭如在，祭神如神在，……吾不與祭如不祭。』見論語卷三　從這裡所用的幾個『如』字上，就可以明白他的鬼神觀念，完全是主觀的，而不是客觀的，所以墨子有過一句很切中的批評，說：『無鬼而學祭禮』見墨子非儒篇　把孔子的秘密

揭穿了。

我們再看孔子論道禱告的話：『獲罪於天，無所禱也。』見論語卷三 『子疾病，子路請禱。子曰：「有諸？」子路對曰：「有之！誄曰禱爾於上下神祇。」子曰：「丘之禱久矣。」』見論語卷七 為什麼說獲罪於天無所禱？因為天是理，沒有感情的，既然違背了理，禱也無用，這是他對於王孫賈媚奧媚竈的諷刺而下的斷語。拒絕子路之請，正是他不信禱能愈病，神祇不是醫生，禱也無用的。有人以『為丘之禱久矣』這個久字，正是證明孔子常常禱告的，這是誤會了。

總而言之：孔子看天不過是一種流動不息的理，《易經》所謂『天行』『陰陽不測之謂神』就是這個理。所以他的態度是敬鬼神而遠之。既然要遠他為什麼又要敬他呢？那就可以知道他的敬是一種作用，並不承認有什麼客觀的鬼神。這種秘密只能叫人跟著去做，不能叫人明白其中的道理。『民可使由之，不可使知之』見論語卷八 正是把他的態度盡情地表顯出來了。參觀拙編中國歷史的上帝觀一二八至一四〇頁

傳孔子學派的，則有孟子荀子兩派。孟子是根源於子思的，子思所作的《中庸》把子貢所歎為不可得聞的性與天道，特別加以發揮，以『天命之謂性』開頭，以『上天之載，無聲無臭』結束，中間稱天稱上帝稱神的地方很多。所以孟子也提起天即上帝的名，說：『雖有惡人，齋戒沐浴，則可以事上帝。』見孟子卷八 他以為上帝是注重人的內性，不重人的外貌，外貌雖然醜惡，但是他的天賦內性，不為上帝所拒絕的，正與子思『郊社之禮，所以事上帝也』一樣口吻。不

過他們所體認的上帝，也不是客觀的，仍舊是主觀的，以為人心就是上帝。所以中庸說：『惟天下至誠，為能盡其性……則可以與天地參矣。』孟子說：『盡其心者，知其性也，則知天矣；存其心，養其性，所以事天也。』（見孟子卷十四）不但如此，並且認人就是天，孟子以舜有天下為『天與』，何以驗之？驗之於『人歸』，人歸即天與之，故曰：『天視自我民視，天聽自我民聽。』（見孟子卷九）可見孟子所體認的天，是在民身上。（參觀拙編中國歷史的上帝觀四三至一五八頁）

至於荀子，敬直捷爽快地否定天的意志，而變為很明顯的唯物論者了。他以為天是一種機械，與老莊思想差不多，他說：『天不為人之惡寒也輟冬，地不為人之惡遼也輟廣，……天有常道矣，地有常數矣。』（見荀子天論篇）他以為國家的治亂，不由於天而由於人所以不應當『錯人而思天』。錯人而思天，是無知識的小人，若君子則『敬其在己而不慕其在天』。一切自然界所生的變化，並不有什麼神在中間作主，乃是天地間的自然現象，他叫他為『文』，所以說：『君子以為文，而百姓以為神，以為文則吉，以為神則凶。』（上皆見荀子天論篇）這與左傳所說『國將興，聽於民，將亡，聽於神。』一樣的意義。聽於神是一種愚昧的舉動，就有亡國滅身之禍。後來漢朝的王充，大概根源於他的思想。（參觀拙編中國歷史的上帝觀一六一至一七一頁）

蔡元培在《中國倫理學史》上有一段說：『荀子以前，言倫理者，以宇宙論為基本，故信仰天人感應之理。……至荀子以後，則劃絕天人之關係，以人事為無與天道，而特為各人之關係。』這話分常扼要，藉此可以見荀子的宗教思想。自孔子的懷疑論出，儒家的思想，都不信天地間有客觀超絕的上帝，尤其是荀子，竟變為無神論者了。

（三）墨家　最明顯地肯定天有意志的，厥惟墨子。他所體認的天，與宗教家所崇拜的上帝，毫無兩樣。他認定天是造物的主宰，在〈天志篇〉裡說：『四時調，陰陽雨露也時，五穀熟，六畜遂，疾病戾疫凶饑不至』，都是天之厚民。天的管理天地萬物，正像輪匠執其規矩，卻是一種超神論的認識。世界一切生死禍福，都在天的管轄之下，沒有方法可以逃避的，所以說：『若處家得罪於家長，猶有鄰家所避逃之，……處國而得罪於國君，猶有鄰國所避逃之，……今人處天下而事天，將無所以避逃之者矣。』天不但執賞罰之權，而且他的賞罰，是不爽毫釐的，他說：『若豪之末，非天之所為也，而民得而利之，則可謂否矣。』這就是說，無論那麼小的利益，都是出於天意，因為天是兼愛的。天的愛人，正像父的愛子一樣，他說：『今有人於此，驩若愛其子，竭力單務以利之，……今夫天兼天下而愛之，撽遂萬物以利之，』（上引皆見墨子天志篇）這都足以證明墨子的對天觀念，與基督教的信仰上帝相同，他體天之愛以提倡兼愛與基督教愛人如己的意義相同，他的明鬼，正如基督教的靈魂不滅。不過他於信天之外，又信鬼，是二神教或多神教而非一神教。他的宗教思想大半跟於於古代的天神崇拜，影響到中國的下層社會，非常之大。參觀拙編中國歷史的上帝觀一〇四至一二一頁

丁　祭祖的意義與改變　上文已經說到祭祖的起源，現在再來說到祭祖的意義。考祭祖之名有五：

一曰禘。本為實祭之一，《王制》分時祭為春礿夏禘秋嘗冬烝，《大傳》說：『禘其祖之所自出，以其祖配之』又稱為殷祭或祫祭，殷祭者，大祭也，五年舉行一次，即合群廟而總祭之。祫祭則三年一次。古代以此種祭祀，有關於國家的郅治，所以《禮記》說：『禘嘗之義大矣，治國之本也。』見禮記祭統篇　孔子說：『知禘之說者，治國其如是諸掌』見論語卷二　其祭的重要可知。

二曰郊。郊本為祭天之名，有冬至祭天於南郊，夏至祭天於北郊，中庸說：『郊社之禮，所以事上帝也，宗廟之禮，所以祀乎其先也。』到了周朝，因尊祖的緣故，祭祖以配天，所以有『郊祀后稷以配天』的禮節，從此以後，郊祭亦變為祭祖的名稱了。

三曰宗。宗也是祭祖的名稱，周公宗祀文王，就是以子祭父。又稱其所自出之祖曰宗，從血統上推源其祖宗，而致其祭祀。

四曰祖。凡父之父以上皆稱祖，天子祖七廟，即祭其父之父以上者六代以及其始祖。

五曰報。禮曰：『祭先所以報本也』，所以祭祖，是報本反始之意，禮曰：『聖人反本復始，不忘其所由生也。』見祭義篇　報者謝其恩，反者歸其功，所以頌揚祖宗功德的意思。

現在講一講古代祭祖的方法罷！古者祭祖必立尸，祭統說：『夫祭之道，孫為王父尸，所使為尸者，於父者子行也，父北面事之，所以明子事父之道也。』什麼叫做尸？即喬扮乃祖的形狀，高坐堂上，式飲式食，可以叫做『活祖宗』。祭的人看他是眞的一樣，不敢怠慢，所以說：『孝子臨尸而不作』。什麼人扮尸呢？乃是祭者的子行，就是子侄輩，所以表面上是兒子祭父親，實際上變成了父親崇拜兒子，不是可笑麼？但是祭祀的時候有什麼規矩呢？郊特牲裡有一段記載：『祭祀之相，（相即是尸）主人致其敬，盡其嘉，而無與讓也。（無與讓就是不與行揖讓之禮）舉斝角，詔妥尸；古者尸無事則立，有事而後坐也。（尸初進之時，舉斝角以奠，尸不敢安坐，祭祝令主人拜，然後尸遂安坐而食，有事，即就食也。）尸，神像也，祝將命也。』這是寫出尸的動作，與祭者的規矩。到底古人祭必立尸，有什麼意義呢？《白虎通》裡有一段說明：『祭所以有尸者，鬼神聽之無聲，視之無行，……思慕哀傷。無所寫洩，故座尸以食之，毀損其饌，欣然若親之飽，尸醉若神之醉矣。』見白虎通卷十二宗廟條

杜佑《通典》有「立尸議」一條，說：

『古之人樸質，中華與夷狄同，有祭立尸焉，有人殉葬焉，自周以前天禘宗廟社稷。一切祭享，凡皆立尸；秦漢以降，中華則無矣。』見通典卷四十八種禮典吉七

其下復加以按語說：

『按後魏文成帝拓拔濬時，高允獻書云：祭尸久廢，今風俗則取其狀貌類者以為尸，祭之；敬之如夫妻，事之如父母，敗損風俗，黷亂情禮。又按周隋蠻夷傳巴樑間，每秋祭祀，鄉里美鬚面人，迭迎為尸以祭之。』

由此可知立尸這一件事，在秦漢時已經廢掉了，惟在夷狄之間，尚有這種遺傳，隨便拉一個狀貌類似的，或美貌的人來充當。

立尸的制度雖然廢掉了，卻以木主代之。木主的制度起於何時，無從查考。但是史記：『周武王為文王木主，載以伐紂』（見史記周本紀）或即是木主的起源，後世遂沿為風俗，刻木主於家堂，猶今攝影以紀念一樣的意思。

祭祖的最大用意是什麼呢？乃是含著倫理作用的教孝？《祭統》所以說：『祭有十倫』，『禮有五經，莫重於祭。』『夫祭，教之本也：外則教之以尊其君，內則教之以考其親』無非為了『孝思』。《祭統》又謂：『外則盡物，內則盡志，此祭之心也』，祭之心，即祭者的『孝思』，所以《祭義》中形容祭者的孝思說道：

『未祭之前，先齋三日，齋之日，思其居處，思其笑語，思其志意，思其所樂，思其所嗜。祭之日，入室僾然必有見其位，周還出戶，肅然必有聞乎其容聲，出戶而聽，愾然必有聞乎其歎息之聲。事故先王之孝也，色不忘乎目，聲不絕乎耳，心志嗜欲不忘乎心，致愛則存，致愨則著，著存不忘乎心，夫安得不敬乎？』

可見祭祖是重在孝思，就是『不忘乎心』；祖宗雖然已經死了，但是祖宗的聲音笑貌，還是好像活著一樣，所以《祭義》又說：

『孝子之祭也，盡其愨而愨焉，盡其信而信焉，盡其敬而敬焉，盡其禮而不過失焉；進退必敬，如聽親命，則或使之也。』

這就是所謂『事死如事生，事亡如事存』的意思，王充在《論衡》裡解釋得最明白：

『緣先事死，不敢忘先，五帝三王，郊宗之祭，不敢忘德，未必有鬼神能歆享之也。』見論衡祀義篇

《禮記》所謂『不忘』，《論衡》所謂『不敢忘』，真是把祭祖的意思完全表出，與世界各國的懸像，立碑，有什麼兩樣呢？但是所謂不忘與不敢忘，不獨在祭祀上應當如此，也是人子終身的事，《祭義》裡說：

『一舉足不敢忘父母，一出言不敢忘父母，君子跬步不敢忘孝也。』

《祭義》又說：

『君子生則敬仰，死則敬享，思終身弗辱也；君子有終身之喪；忌日之謂也。』

可見君子之於父母，終身不敢忘也。

厥後在祭祖時，添出香燭紙錢等物，張亦鏡在他所著的《祭先源流考》中，對於這些東西的產生，有很詳盡的考證，我們把他的大意節錄在下面，以明祭祖風尚的變遷。

祭祀用燭，古代已有，因為古代祭祀大概在天尚未明的時候，《周禮》有『司烜氏掌共祭祀之明燭』見周禮秋官　賈公彥疏之曰：『明燭以照饌陳者，謂祭日之旦，饌陳於堂東，未明，須燭

照之。』自北齊武成帝令四時祭廟及元日廟庭並設庭燎二所，宋太宗時，趙安易言：『昨朝拜安陵永昌陵，有司止設酒脯香，以未明行事，不設燭燎，以愆於禮。』可知直至宋初，祭祀尚於天未明時舉行，故須用燭。南渡以後，白日設祭，亦必用燭了，所以有『太常設燭於神位前』的話。至元朝更設立了剪燭刀剪燭官，於是祭祀用燭的意義完全改變了。

至於用香，大約是從外國傳入的，並不是中國固有的風俗，因為在中國古書中沒有提起焚香燒香等名詞。古書所說的『黍稷匪馨，明德惟馨』，以及所謂『明德以薦馨香』，本不是現在所焚燒的香。《西溪叢話》裡說：

『行香起於後魏及齊梁間，每燃香薰手，或以香末散行，謂之行香，唐初因之，文宗朝，崔蠡奏「設齋行香，事無經據。」乃罷。宣宗復釋教，行其儀。』見西溪叢話卷下

可見焚香之俗，得之於佛教。〈晉書佛圖澄傳〉有燒香禮拜等字樣，說：

『石勒召澄，澄取砵盛水，燒香咒之須臾，須臾，砵中生青蓮花。』

『患旱，澄燒安息香敕龍取水，三日水至。』

『澄遣弟子像西域市香，澄告弟子曰：買香弟子遇劫垂死，因燒香遙護救之。後弟子歸，述遇盜狀，聞香氣，盜遁。』

在他的傳裡，這一類的話，說得很多；但同時在鳩摩羅什的傳記裡，並沒有燒香的字樣，好像那個佛圖澄不是佛教徒而是基督徒了。因為在他的傳裡有『天神呼我』『立寺奉神』等話，

不說佛而說神，是很可懷疑的。猶太古教中嘗有焚香拜神的事，是世界焚香最古的宗教；也許這種風俗，後來流傳到印度，佛教的焚香，就間接地介紹到中國，無論這個佛圖澄是什麼宗教的人，他卻是首先介紹焚香到中國來的，也可以證明當時中國尚未有焚香的事，不然，何必遣人到西域去市香呢？從唐朝起頭，中國歷史上始見有焚香的字樣，如廟祭有三焚香，及三焚香以祭老子等話。

紙幣也是從唐朝起頭的。中國的紙，既然是從漢朝蔡倫創造的，那末剪紙為錢，也一定在漢朝之後。有人說是始於魏晉的時候。太常博士王嶼說過：『漢以來，喪葬瘞錢，後世以紙寓錢為鬼事』，當時王嶼做祠祭使，有祈禱或焚紙錢的事發生。胡致堂有過一番批評說：

『古者祭必以幣，所以交神，猶人之相見，有贄以為禮，非利之也。後世淫祀既眾，於是廢幣帛而用楮帛，是以賄交神。使神而果神也，夫豈可賄？使其不神而可賄也，又安用事？雖然，王嶼行之，而世以為羞，則當時猶未盡用也。』見通鑑綱目唐玄宗開元廿六年

這一段話，把焚燒紙錢，非常普遍了。這都足以看見祭祖的一件事，已經不是原來的用意，而完全變為迷信的舉動了。

戊　宗教思想的倫理化　從上面我們研究的祭天祀祖，已經可以看出中國的宗教思想，充滿著倫理的精神。《禮記》所說的祭有十倫，明明以祭祀為教孝之道，如曰：

『崇事宗廟社稷，則子孫順孝；盡其道，端其義，而教生焉。……故曰：祭者教之本也已。』見祭統

『祀乎明堂，所以教諸侯之孝也。』見祭義

『祭者所以追養繼孝也。』見祭統

『孝子之事親也，有三道焉：生則養，沒則喪，喪畢則祭；養則觀其順也，喪則觀其哀也，祭則觀其敬而時也。盡此三道者，孝子之行也。』見祭統

這與孔子所說的『生事之以禮，死葬之以禮，祭之以禮。』同一意義。

中國是以倫理立國的，而倫理的中心就是孝，所以說：『先王以孝治天下』對於孝道的培植，認為是教育上的重要問題，但是用甚麼方法培植呢？不外乎兩端：就是所謂『生則敬養，死則敬享。』所以孟子認『養生送死無憾，為王道之始。』中國的孝道，既然包括在「養生送死」的兩條之中，我們便應當從這兩條的意義來研究中國倫理，前者是屬於人生的倫理，後者是屬於宗教的倫理。在這裡我們且專門從後者來討論送死的一部分。所謂送死，又包括著慎終追遠的兩件事。這兩件事是古人認為培養民德的方法，像曾子說：

『慎終追遠，民德歸厚矣。』見論語卷一

孔子『死葬之以禮，祭之以禮』的兩句話，好像是『慎終追遠』的注腳。喪祭盡禮，原是人子不得已的事情，其目的還是在『事生』，並不是教人丟棄了父母之生而不事，專門去打算

到喪祭方面，所謂『祭而豐不如養之薄』，實在可以表明這種倫理的精神，在《說苑》中記著的一段故事：

『孔子行游，中路聞哭者聲，其因甚悲。孔子曰：「驅之！驅之！前有異人音！」少進，見之，丘吾子也，擁鐮帶索而哭。孔子辟車而下，問曰：「夫子非有喪也，何哭之悲也？」丘吾子曰：「吾有三失：……吾少好學，周遍天下，還後吾親亡，一失也。……樹欲靜而風不定，子欲養而親不待，往而來者年也，不可得在見者親也。請從此辭！」自刎而死！孔子曰：「弟子記之！此足以為戒也！」於是弟子歸養者十三人。』見說苑卷十敬慎篇

這段記事，就可以看出中國古代的提喪祭，正是間接的提倡敬養，人子不能敬養父母，乃不得已盡心於喪祭，以求其心之所安而以。且看孔子答宰我問三年之喪的一段：

『宰我問三年之喪，期已久矣。……子曰：「食夫稻，衣夫錦，於女安乎？」曰：「安」「女安則為之」』見論語卷十七

孔子雖然不贊成宰我短喪的主張，但當面並不反對他，祇提出一個『安』字來反問他，宰我既然在良心上沒有什麼不安，孔子也就許他照他的良心去做罷！可見無論喪祭養生，只須求其心之所安，人子對於父母，必須服從，必須養志，都不過以自己心之所安，推之於父母的心之所安。本著這個心之所安的道理，應用到人生的一切行動上，那便是廣義的孝道了。像《亢倉子》記載說：

『發一言，舉一事，不敢忘父母；營一手，措一足，不敢忘父母；事君不敢不忠，朋友不敢不信，臨下不敢不敬，嚮善不敢

不勤；雖居獨室之中亦不敢懈其誠，此之謂全孝。』見亢倉子第七訓道篇

曾子大孝篇中也有同樣的說法，為什麼『不敢』呢？因為不這樣，則心便不安；一個人能處處求其心之所安，那便成一個完全的人，即這裡所說的『全孝』這樣，孝的範圍，簡直把一切人生道德，都包括在內。一舉一動，都與孝道有關，都不敢忘父母，這父母豈不成了孝的宗教中的上帝嗎？所以中國的孝道，實在是一種宗教化的倫理，也可以說是倫理化的宗教。我們賈使用宗教的眼光來評論他的價值，我們便不能否認這種主張，確是一種宗教思想，是父母如上帝，視孝敬如教義，視祭祀如祈禱，所以我們說宗教思想的倫理化或者說倫理思想的宗教化。

附錄

（一）中庸中的宗教思想

中庸是禮記中的一篇，鄭玄說『是孔子之孫子思所作，以昭明聖祖之德。』故歷來都以為子思紹述孔子之意，傳道於再傳弟子孟子的過渡作品。程頤謂為『孔門傳授心法』之書，把他從禮記中提出，列於四書之中。但在西漢時似已有單行之本，為當時儒家所尊敬，或即漢志所舉七篇子思子之一，小戴把他附於禮記的。在他的內容上，歷來也有許多人懷疑過，歐陽修說『其說有異乎聖人』，沈作喆說『中和之倒易』，陳善說『雜漢儒之說』，王柏疑其即漢志中庸說二篇，他以為二十章以前乃為上篇，二十一章以後乃為下篇，上篇以中庸為綱領，下篇以誠明為綱領。從性方面講，前者是說性的所自來，後者是說的實有：從教方面講，前

者是以行為主，故曰修道，後者是以知為主，故曰明誠，這的確有相當的理由。

全書討論性命之道，是屬於形而上學的範圍，因此，我們也覺得與孔子的思想不類。孔子生平，對於性命天道，沒有多少發揮，所以子貢嘆為不可得而聞；而中庸中往往孔子之言，發揮性命之理。所以胡炳文說『中和之論，發於子思，中庸之論，本於仲尼』，是明明把『中和』『中庸』分為兩種意義。所謂『中和』是行而上的本體，『中庸』是道德的標準，開端一段討論的中和，與下文仲尼曰以下討論的中庸，確有些不同。這些都是關於考據的問題，說來話長，不是在這裡所要注重的，所以現在不去管他了。

我們所要知道的，就是他裡面的宗教思想。從他開端的三句話看，所謂：

『天命之謂性，率性之謂道，修道之謂教。』

就見得他承認人性是本於天的，由天命之性，進而為率性之道，更進而為修道之教，性道教三者，由先天的性演成為後天的教，好像老子由無而有的道理一樣。他叫這個先天的性謂中，後天的教謂和，如曰：『喜怒哀樂之未發謂之中，發而皆中節謂之和』，中為天下之大本，和為天下之達道。大本是行而上的本體，達道是人生的行為，這是他承認人類的行為，是根源於天的；也叫他的名為道，正像老子『道本無名，強名曰道』一樣。人不能須臾離這個道，所以人必須求道；道本不遠人，祇須求之於內在的天性。孔子說過：『仁遠乎哉！我欲仁，斯仁至矣』，這個仁字。子思另替他題一個名稱叫做誠。故曰：『誠者，天之道也』，誠是眞實，是無私，是恆久不變，是無聲無臭，故曰：『至誠無息，不息則久』，『誠者不勉而中，不思而得』，這與佛教的佛性眞如，基督教的上帝，沒有什麼兩樣。換言之，他所說的誠，就是天命之性；能順此天性以合於道，就叫做『誠之』，故曰『誠之者，人之道也。』這就是所謂外內之道，誠是內在的，誠是外行的，內在的誠是自然的，外行的誠就是學成的，自然的誠是仁，學成的誠是知，所以說：『成己仁也，成物知也』，成己之仁就是『自誠明』，成物之知，就是『自誠明』，『自誠明謂之性』，也就是他所說的中，『自誠明謂之教』，也就是他所說的和，這大概是子思在行而上方面的發揮，我們在這一種發揮上，很可以看出他的宗教思想。

他所說的天命，好像是十分抽象的，但是他以為在這個抽象的天命之中，有一種具體的鬼神在內支配，他說：

『鬼神之為德，其盛矣乎！視之而弗見，聽之而弗聞，體物而不可遺，使天下之人，齊民盛服以承祭祀，洋洋乎如在其上，如在其左右。』

他又說：

『上天之載，無聲無臭』，

『質諸鬼神而無疑，知天也』，

鬼神既可質，則鬼神便成為支配天命監察道德的宗教的神了。他信古代聖王，皆受命於天，無論是舜，是文王，武王，都因其有大德，故得『受錄於天，保佑命之自天申之。』所以他更引證許多詩經的話，來說明祭祀的不可忽略，如曰：

『神之格思，不可度思，矧可射思！』

祭神之外，又須注重祭先，如曰：

『郊社之禮，所以事上帝也，宗廟之禮，所以祀乎其先也。』

祀先之禮，必須要『事死如事生，事亡如事存』，所以他敘述道武王周公，如何『上祀先公』，如何『脩其祖廟，陳其宗器，設其裳衣，薦其時食』，如何『宗廟饗之，子孫保之』，如何『明乎郊社之禮，禘嘗之義』，這些都是古代天祖崇拜思想的遺傳，為子思所特別注重的。

總之：在這一本書裡，從行而上的天命之性，說到道德修養方面的知仁勇三達德，無非注重到『誠』的一個字，一則曰『惟天下至誠，唯能盡其性……則可以與天地參。』再則曰『至誠如神。』求己之誠，以合於天之誠，這與佛教的禪定，基督教的祈禱，以求其『明心見性』『完全像上帝』有相同的意義。所以我們可以說：中庸這本書，是儒家經籍中最富有宗教思想的一種。

（二）楚辭中的宗教思想

楚辭是歷來詩歌中最富宗教思想的一種，如果我們要從歷來詩歌中去研究宗教思想，很有許多話可說，像詩經中的頌，完全是屬於宗教的範圍，即在風雅中，也充滿著古代對天思想。其他如上古時代的許多歌謠祝辭，正是不勝枚舉。後乎楚辭的，則如漢代著名的十七章安世房中歌，十九章郊祀歌，以及賈誼，司馬相如，揚雄……等等的辭賦中，有很多可以作研究宗教思想的材料。再降而至六朝即唐宋時代的詩詞，也有不少表顯他們的宗教思想的。（參閱張仕章中國古代宗教詩歌集）但是我們在這裡卻無暇去作全部的研究，我們單單承認在一部楚辭中的宗教思想，足以為一切詩歌家的代表，所以我們把楚辭作研究的對象。

據王逸所註處辭，根源於劉向所輯的諸家作品，自屈原宋玉景差而外，又有漢代的賈誼淮南小山東方朔嚴忌王褒……等作，皆列入之。屈宋皆楚產，故辭以楚名，自甚合宜，而漢代諸儒，既非楚產，為什麼也列入其中，因其文辭相類的緣故，非楚人的作品，也稱他為楚辭了。我們從宗教思想上研究，卻不能不以楚人的作品作根據，因為楚在南方，楚辭為南方思想的表現，與北方思想所表現的詩經，自是不同。好像老子思想與孔子思想的不同，印度宗教與阿拉伯宗教的分別一樣。

詩經所表現的宗教思想，是肯定的天人感應，而楚辭所表現的，卻帶點懷疑的色彩了。屈原從幽思中作成的離騷，自然帶著悲觀厭世而近於懷疑，所以他雖說：『皇天無私阿兮』，『皇剡剡其揚靈兮』，但卻發出無數對天的責問，而有天問之作。我們讀那篇天問的時候，見得他那種對天的懷疑，純從憂憤中吐出來的話，當他在先王之廟與公卿祠堂中，見壁間所畫著的天地山川神靈，及古聖賢事跡，遂書其壁而問之，發洩他天道和所憑的懷疑思想。他又因懷疑莫決，乃往太卜鄭詹尹那裡去，要稽問神明，決之著歸。但到底神明還是不能憑，龜策還是不能知，卜居一篇，便是這個意思。

根據這一點來讀楚辭，覺得屈原對於天道鬼神的懷疑，純從他所遭遇的不良環境而來，所以他又有遠遊之作，『託配神仙，與俱遊戲，周歷天地，無所不到』，與莊子的逍遙遊一樣從悲觀中產生的達觀思想。

我們又從他所作的九歌，可以看見楚人的迷信。題辭所說：『昔楚南郢之邑，沅湘之間，其俗信鬼而好祀，其祠必作歌樂鼓舞以樂諸神。屈原放逐，竄伏其域，懷憂苦毒，愁思怫鬱，出見俗人祭祀之禮，歌舞之樂，其詞鄙陋，因為作九歌之曲，上陳事神之敬下以見己之寃結。』第一曰東皇太一，是天之尊神。第二曰雲中有君，是雲神。第三曰湘君，第四曰湘夫人，皆水神或堯之二女。第五曰大司命，第六曰少司命，即風雨之神。第七曰東君，即日神。第八曰河伯，亦河神。第九曰山鬼，即山中的鬼魅。第十曰國殤，為國戰死的鬼魂。第十一曰禮魂，言致祀盡其敬禮，以總結上述各鬼神的祭祀。這十一段便是當時祭祀鬼神的樂歌，好像舊約中的詩經，印度教的吠陀一樣。但是既有十一章，為什麼指稱為九歌呢？大約末二章是總結上意，不算在內；或者中間只有九類神鬼之故，我們卻不得而知；有人說九是陽數，是『否極』的意思，我們也不能肯定。不過這足以看出南方人民的鬼神崇拜，與屈原的託辭以申己意。

至於他所作的九章，與離騷同一意旨，無非描寫他的憂思而已。後來像宋玉所作九辨，招魂，景差所作大招，賈誼所作惜誓，小山所作招隱士，東方朔所作七諫，嚴忌所作哀命，王褒所作九懷，劉向所作九歎，王逸所作九思；一方面悲憫屈原的放逐，以哀其志，一方面追慕其文之麗雅，藉寫己意。在思想方面，皆與屈原同有悲觀懷疑的表現，現在不必再事瑣說了。

第三章　前漢時的宗教思想

第一節　宗教生活概況

甲　迷信的產生　秦漢的宗教思想，已由單純的天組崇拜，漸入於複雜的迷信時代。在古代天祖崇拜之中，雖不免有許多迷信的成分，但是經過了春秋戰國的一般學者的自由討論，已從迷信的遺傳中產生出許多理智的解釋。不幸從秦始皇統一六國以後，那些聰明的帝王為要保住他那地位和基業的緣故，便排斥那些不利於自己的學說，變本加厲地走入到進一層的迷信中去。像英明精幹的秦始皇，他焚燒了諸子百家的書籍，獨獨保留著所謂卜筮一類的東西。而且迷信著荒渺的神仙說，希冀什麼長生不死之藥；後來漢武帝畢竟也同樣上了方士的當。他又巡遊到山東去，欲舉行封禪的故事。馬上得天下的漢高祖，會改變他罵儒生溺儒冠的態度，以太牢去祀孔子。我們便不能不佩服他們能用宗教式的崇拜來籠絡天下的人民。從此以後，歷代帝王都知道這種秘訣，一方面恢復古代的天鬼崇拜，一方面又提倡儒教，把孔子看作一個宗教的教主。那些學者也是猜透了帝王的秘密，假託五行陰陽說素，創造出什麼讖緯之學來。董仲舒是這種迷信開創的先鋒，他所著的春秋繁露是提倡五行陰陽的迷信，並且用這種迷信來解釋春秋。本來五行是出於《洪範》陰陽是出於《易經》都是推究宇宙原理的哲學，原與希臘初期哲學認水火土氣為宇宙原理和印度哲學認為地水火風為宇宙根本原因沒有兩樣。戰國時獨樹一幟的陰陽家，原是一種學術上的研究，到了漢朝，經過一般經學家的提倡，便陷於抽象的神祕範圍。夏侯勝以久陰不雨，為驗在獲光王莽時有什麼『劉秀當為天子』的讖語，所以光武以赤符受命深信讖緯了。當時的經學家，於《書》的洪範五行，於《禮》的陰陽明堂，於《易》的象數，於《詩》的五際六情，於《春秋》的災異，皆有許多附會，即大師如鄭玄，也是深信其說，以之註解經籍。無怪讖緯之說日益昌盛；雖在晉太始時焚燬其書力予禁止，但是迷信之端卻已傳之彌廣了。

乙 佛道的影響 佛教輸入中國，相傳在漢明帝時，其最初輸入的，大概是小乘教義；所以那些天堂地獄，輪迴投胎等說素，與固有的陰陽讖緯，合成為疑神疑鬼的迷信。於是經典科教，寺觀廟宇，漸漸地普遍起來，影響到民眾的生活，非常之大。厥後又經過南北朝的推演，漸成為中國唯一的宗教。加以西來的僧眾，譯經著述，推行於上級社會；又有民間特造的寶卷佛曲，推行於下級社會於是因果報應的思想，盤據在全國人心，歷二千年而未拔。

同時又有道教的產生，借託老子之名，派神仙之說煽於前，符籙丹鼎派長生飛昇之說惑於後，復竊取佛徒科教的方法，禮懺祈禳，亦成為民間普遍信仰。朱熹謂：『佛教偷得到家好處，到家偷得佛教的不好處』（見文獻通考經籍考所引）互相摹仿，發生種種迷信，這都是秦漢以後所發生了宗教現象。

所以說到秦漢的宗教生活，實是迷信的根源，而且這種迷信影響到後來，更是非常有力。從陰陽五行混合而生的讖緯學說，產生出無數的星相卜筮，占驗宿命……等等迷信；從佛道天堂地獄的來世思想，產生出經懺符籙，修仙學佛……等等迷信。這種迷信，支配了數千年來全國民眾的生活。當時雖曾有張衡等的反對讖緯，王充等地破除迷信，仍舊不能挽回這一時代的風氣。

第二節　制度宗教與迷信

漢以前，雖有拜天祭祖的遺傳，卻是個人的自由崇拜，並不是一種有組織的固定宗教。國家所設立的祭祀禮節，也都含著政治意味，更算不得一種制度的宗教。東漢以後，一方面有佛教的輸入，一方面有道教的產生，於是乎崇高的廟宇，巍峨的寺觀，林立在大陸神州。黃冠緇流，舍家修道，專其身宗教宣傳，不獨社會多一種分利坐食的人，更導一般人民思想於迷茫幻想，這便可以說是制度宗教形成的原因，且分說之：

甲　佛教的輸入與傳布　佛教是不是在漢明帝時輸入中國？乃是一個問題，梁任公在佛典的繙譯文中，曾有否認漢明帝時佛教輸入之說。這是梁氏從繙譯事業上研究出來的結論。但是在中國歷史中所記漢明帝夜夢金人遣使求佛的事，卻不一而足。《法本內傳》說：

『明帝永平三年，上夢神人金身丈六，頂有日光，飛在殿庭，欣然悅之。明日問群臣，此為何神？有通人傅毅對曰：臣聞天竺有得道者，號曰佛也。……於世上悟，遣郎中蔡愔郎將秦景博士弟子王遵等一十八人，於大月支中天竺國寫佛經四十二章，藏在蘭臺石室第十四間。又於洛陽城西雍門外為起佛寺。……時有沙門迦攝稱摩騰，竺法蘭，位行難倫，志存開化，承蔡愔使達天竺，請騰東行，不守區域，隨至洛陽。』

這或是佛教徒誇張的話，不足為據的；但是馬端臨《文獻通考》根據〈隋書經籍志〉，亦有同樣的記載：

『後漢明帝夜夢金神，飛行殿廷，以問於朝，而傅毅以佛對，帝遣郎中蔡愔及秦景天竺求之，得佛經四十二章及釋迦立像，並與沙門攝摩騰竺法蘭東還。愔之來也，以白馬負經，因立白馬寺於洛城雍門西以處之。其經緘於蘭臺石室，而又畫像於清涼臺及顯節陵上。』見文獻通考經籍五十三

這段記載，與前段相同，於是歷來莫不承認為佛教始入的事實。但是《文獻通考》裡又記著哀帝時博士秦景口授佛經的話：

『張騫使西域，蓋聞有浮屠之教；哀帝時，博士弟子秦景伊存口授浮屠經，中土聞之，未之信也。』同上

這樣，中國知有佛經，似又在明帝以前。不但如此，更有人說：漢武帝破匈奴時，西方的昆邪王來降時，所得的金人，即是佛像。那麼佛像的輸入，尤早於哀帝。考印度佛教史，當阿輸迦王派遣僧徒四出宣教，參見印度佛教史略下第一章第六節正是中國秦始皇的時候，故有認秦始皇時已有釋利房

來中國南方宣教，或即阿輸迦王所遣僧徒之一，惜乎在中國沒有這種史料可證。阿輸迦王推行佛教於國內外，遣王子摩哂陀傳教錫蘭，更及於緬甸馬來半島，或者在其傳入中國南方，亦屬情理中事。而且在月支國有王曰閻膏珍，曾皈依佛教，故中國遣使至西域時，口授浮屠經，也不是無因的。

由此觀之，在漢明帝以前，早有佛教徒的蹤跡予影響了，不過正式傳入，還要算在漢明帝的時候，在古今佛道論衡中，記著一件極怪誕的事，說在永平十四年正月一日，五嶽諸山道士，與佛教徒爭雄於白馬寺，道士費叔才因失敗自憾而死。大概是因為明帝優待佛教徒，五嶽十八山觀道士褚善信等上表反佛謂：

『天子棄我道法遠求胡教，所事乃是胡神，所說不參華夏，願得與其比較，藉以辨真偽。』現佛道論衡卷一

帝乃命於十五日集於白馬寺比較，『道士六百九十人，置三壇，各齎經典及饌食於壇上，置佛舍利經像於壇，道士等以柴荻圍壇旁，繞壇泣禱，縱火焚之，道經悉燬，佛舍利光明五色；道士失色，費叔才自憾而死。於是諸山道士呂惠通等六百二十八人出家奉佛，司空洛城侯劉峻等千餘人出家，宮人婦女出家者二百三十六人，便立十寺，七寺安僧在洛城外，三寺安尼在洛城內，漢興佛法，自此始焉。』這一件事，很像舊約中記著以利亞與巴力祭司比賽眞假的事，是不是從猶太經典中抄來的？我們無法可以證明。不過這都是抑人揚己的揑造事實，是無疑的。

在這樣的捏造事實中，或者也可以反證漢明帝時確有佛教的流傳了。

後來在漢桓帝建和初年，月支國有個和尚叫支讖到中國來，繙譯《般舟三昧經》等二十餘部。次年又有安息僧人安世高，也叫安清，到中國來，譯經三十九部。同時天竺僧人竺佛朔譯道行般若經。這些都可以從高僧傳裡見到的。當時桓帝及楚王英都信仰佛教，並且在宮裡建立佛寺，供像禱祀。漢獻帝時，牟子（或即牟融）由儒入佛，著《理惑論》三十七條，以答或人之問，闡明佛理。（見宏明集）同時有笮融在陶謙地方，建立佛寺，於四月八日（浴佛日）設飲食布席於路，招致五千餘戶，施以餘食。（見陶謙傳）

三國時，康居國大丞相長子曰僧會，《高僧傳》謂其父因商居交趾，在中國南方，於赤烏二年入吳見孫權，尚書令闞澤證明佛理高於孔老，吳主於是為之建造寺塔，這便是江南有佛教的起頭。魏文帝信佛尤篤，中天竺曇柯迦羅來華，繙譯僧祇戒本，行授戒之法，開律宗於中國。同時有康僧鎧譯《無量壽經》，支疆梁接譯《法華三昧經》以及支謙婁至曇摩羅剎等都從事於譯經傳道，民間信佛者日益眾多了。這是在秦漢間佛教輸入中國的大概情形，在《文獻通考》中有較詳細的記載，這裡無用細說了。

當時西域僧徒之來中國，繙譯佛典多至數百部，不可謂不盛；但所譯經美多首尾乖舛，未能通解，於是三國時有朱士行者，親往西域，研究經典。《高僧傳》（見初集卷四）中曾記其事，說他是穎川人，出家後以竺佛朔所譯小品，文意隱晦，乃於甘露五年西度流沙，至於闐國，得正本凡九十章，遣弟子弗如檀攜歸洛陽，由河南居士竺叔蘭譯為漢文，名曰《放光般若經》，凡二十卷。他自己到八十歲，就死在於闐國。這是中國僧人西遊求學的第一個，從此佛教之在中國，一天興旺一天，成為中國很普遍的制度宗教。

乙　道教的產生與分派　道教的開始，都要說到張道陵，實則在張道陵以前，已有所謂方士的一派。宋張君房所輯的《雲笈七籤》，說道教起源，遠在無始以前，說什麼有：

『天眞皇人，於峨嵋山授靈寶經於軒轅黃帝，又授帝嚳於牧德之臺，師資相承，蟬聯不絕，今人學多浮淺，唯誦道德，不識眞經，即謂道教起自莊周，始乎柱下，眷言弱喪，深所哀哉。』見雲笈七籤卷三

《隋書經籍志》亦說：

『元始天尊生於太元之先，稟自然之氣，開劫度人，經四十一億萬載，所度皆諸天仙，乃命眞皇人傳授世上。』見隋書經籍志四

這種荒渺無稽的話原不足信；但他們認莊列書中所說『藐姑射之山』『華胥氏之國』以及海上神仙等寓言為卻有的事實，便有什麼神仙說產生，研究這種神仙說的就叫做方士；方士從什麼時候起頭我們不知道，不過在秦漢以前確已有這種人了。秦始皇聽信了瑯琊方士徐市（古黼字）也叫徐福，言海中有三神山，是神仙所居的地方，令攜童女五百人入海求神仙及不死之藥。前乎此者，在國策中記『有獻不死之藥於荊王』的事，後乎此者，則有漢武帝聽信李少君

欒大的話，建造高樓，要求神仙。〈史記封禪書〉言漢武帝求神仙的事甚詳，言蓬萊、方丈、濟洲三島中有神仙可以求得的。這眞是『做了皇帝要登仙』一種貪心不足的表現。究竟有沒有神仙呢？能不能長生呢？漢武帝後來也明白過來了，說道：『天下豈有神仙？盡妖妄耳，節食服藥，差可少病而已。』所以所謂神仙不過是人們的一種妄想，誤信了古人的寓言，以為眞有其事。

最初說到神仙的，要算是屈原，他在遠遊章理說什麼『貴眞人之休德，羨往世之登仙。』其次在《國策》及《韓非子》中有獻不死之藥的事，是很滑稽的：

『有獻不死之藥於荊王者，謁者操以入，中射之士問曰：「可食乎？」曰：「可。」因奪而食之。王怒，使人殺中射之士。中射之士使人說王曰：「臣問謁者，謁者曰可食之，是臣無罪而罪在謁者也。且客獻不死之藥，臣食之而王殺臣，是死藥也；王殺無罪之臣而明人之欺王。」王乃不殺。』見韓非子卷七說林上

這個中射之士眞是一個很有意思的人，他用反證的方法表明不死之藥的虛妄，可惜後世像秦皇漢武等聰明的人仍舊不能明白，以為海上確有神仙，卒為人所欺。《史記》《漢書》都有『海旁蜃氣象樓臺，野氣象宮闕，雲氣各象山川人民所積聚』的話，認為是一種實有的蓬萊仙境，《列子》《十洲記》《拾遺記》都記載這種境地，後來更有魏伯陽的《參同契》，葛洪的《抱扑子》都以為人能長生，影響非常之大由此可知方士一派，在張道陵以前已經很盛行了。

張道陵只好算符籙派道教的起頭，他本來的名叫張陵，是生在漢桓帝的時候，宋朝陳元靜

替他做了一篇〈漢天師家傳〉說『眞人諱道陵，字輔漢，姓張氏，豐邑人，留侯子房八世孫也。』起初博通五經，晚年入雞鳴山學長生之道，引誘人民，欲學道者，須納五斗米，所以叫做五斗米道。用符水為人治病，使病者飲符水，或書其姓名祈禱三官。後來他的兒子張衡及孫子張魯繼續傳布，稱張陵為天師，這個名號，子孫世襲。張角曾用這種方法造反，稱為黃巾黨。于吉也用這種方法治病，宮崇曾獻什麼于吉神書，這都是同一派的道教。張魯的兒子張盛，起初搬到江西龍虎山，繼承張陵的道統。他們有三件傳家的法寶，就是一口劍，一塊印，一本都功錄，道教就開始正式的組織和宣傳了。

我們從上面已經看見兩派的道教，就是後來所稱的丹鼎符籙兩派，前者是以長生不死為標榜，後者以驅除疾病為號召，都是假借老子的學說以行。河上公註老子「谷神不死」一章說：

『玄，天也，於人為鼻。牝，地也，於人為口。天食人以五氣——雨暘燠寒風——從鼻入，藏於心。地食人以五味——酸苦甘辛酸——從口入，藏於脾。言鼻口之門，是乃天地之氣所往來也。』見老子第六章

這是提倡導引吐納的起頭，附會到老子的學說上。此外如《老子》『善攝生者陸行不遇兕虎，入軍不被甲兵，兕無所投其角，虎無所措其爪，兵無所容其刃，夫何故？以其無死地。』以及『以其不自生，故能長生』見老子第五十章『不失其所者久，死而不亡者壽』見老子三十三章這一類的話都給那一派人所利用。煉養服食，以求長生，單砂可化為黃金，茯苓可服而不死，尸解飛昇，為

一般個人主義的利己思想所歡迎。符籙派比丹鼎派尤低，丹鼎在漢初發生的，符籙在漢末發生的。五斗米道，就是符籙派的起頭。馬端臨曾經說：

『道家之術，雜而多端，先儒論之備矣。蓋清淨一說也，煉養一說也，服食又一說也，符籙又一說也，經典科教又一說也。』見文獻通考經籍考五十二

馬氏分道家為五派。清淨派可除外，煉養服食，合成為丹鼎派，經典科教為黃冠逐食法門。是最後發生的，在此須討論到丹鼎派符籙這兩派。這兩派中的有力分子，前者為魏柏陽與葛洪，後者為寇謙之與陶弘景，這四個人，除了魏柏陽市漢末人以外，其餘都是晉代及南北朝時人，為了敘述的便利起見，一併在此連帶地說及。

魏伯陽所著的《參同契》為丹鼎派的重要作品，《參同契》這個名稱就是合周易黃老爐火三家以契於大道的意思。朱熹嘗著《參同契考異》一卷，並在語錄中提起這本書。說道：『參同契文章極好，蓋後漢之能文者為之』又說『參同契所言坎離水火龍虎鉛汞之屬，則是互換名實，實則精氣二者而已。經，水也坎也龍也汞也；氣，火也離也虎也鉛也。法以神運精氣節而為丹。』朱熹這番話，實在助張他們的勢焰不少。他們之所謂丹，有內丹外丹之分：何謂內丹？即調和其在內的精氣，像朱熹所說的，以能為調和精氣則神氣，雖老而壯。怎樣調和？即用呼吸方法，他們叫做胎息，用修煉吐納的工夫，保存內在的精氣神，使清氣蓄於胎中，濁氣從手

足毛髮中排出，又用呼呵吹嘻呬六種方法，吐出濁氣，所以有在夜半坤復之交，趺坐吐氣。（俞琰《參同契發揮語》）其目的在延年益壽，故曰：『巨勝尚延年……壽命得長久。』

何謂外丹？用硫石水銀等藥物，在爐火中燒煉，可成為黃金九丹，也就是所謂黃白之術。所用藥品即雄黃、礬石、牡蠣、茯苓……等類；製合之後，可以像金質歷久不壞，然此種藥物化金，往往生出砒素，容易中毒，所以有服之而死的事。但是燒煉外丹，也是注重調息，要除去心內的五賊。——盜用天命、物、時、功、神——

葛洪著《抱扑子》內外篇，內篇言導養之理，外篇言煉丹之法。嘗居羅浮山煉丹，說：『人能修道，可與天地同壽。』所謂修道，也就是《參同契》所說的吐納。初學者納氣於鼻中，依數息而至一百二十始徐徐吐出，更須不傷生，不疾走，不久坐，起居有時，飲食有度，使元氣得流行於體內。無論起居動作，必須求其適度，實是一種很好的衛生方法。還有所謂房中術，也是一種性的衛生。在外則須服上藥，所謂上藥，就是叫做『九轉金丹』，用礦物燒煉而成的。服此上藥，則可以飛昇上天，成為天仙；其次則可以養性除病，有千歲之壽。

魏葛之說完全相同，除去一部分荒誕的神仙之說，未始不是一種很好的衛生方法。而且他們都是注重到『積善正行』在神祕的思想之中，含著道德倫理的意味。但是他們的流弊亦正無窮，不獨長生不可得，即後此道教所發生的迷信尤莫不以此為嚆矢，一讀《史記方術》傳便可以知道了。

現在再說到符籙派，這派雖創始於張道陵，卻大成於陶弘景與寇謙之二人。陶還有點近於丹鼎派，而寇卻為純粹的符籙派了。陶弘景從小得著了葛洪的《神仙傳》便有養生修道的意思，後來隱居在句容山，自稱為華陽眞人，行導引辟穀的方法，梁武帝嘗與之游。他撰著了《登眞隱訣》證明神仙可成，長生可得，帝命其合丹不成，諉為中原藥物不精之故。又嘗與傾心符籙，顯明於南方。

至若寇謙之則完全提倡天師道，立定符籙派鞏固的基礎。在嵩山修道十年，詭言嘗得太上老君親授天師之位，並賜之以《雲中首誦新科誡》二十卷，欲藉此以攘奪張氏天師之位。自言嘗遇仙人成公興，從李譜文受《圖錄眞經》六十餘卷，奏上北魏太武帝，宰相崔浩深信之，建天師道場，集百二十道士，每日祈禱，當時韋文秀、祈纖、羅崇三等皆為有名道士，都附從之。親授符籙於太武帝，其法大行，謂可藉符籙以召鬼神。又本雲中科誡倡齋醮科儀，為後世拜懺建醮等迷信的濫觴。

丙　讖緯學與迷信

說者都以為讖緯之學，始於哀平新莽的時候，其實不然，〈四庫書目提要經部易類〉中說：

『儒者多稱讖緯，其實讖自讖，緯自緯非一類也。讖者詭為隱語，預知吉凶，史記秦本紀稱盧生奏錄圖書之語，是其始也，緯者經之支流，衍及旁義……私相撰述，漸雜數術之言，既不知作者為誰，因附會以神其說。迨彌傳彌失，又益以妖妄之詞，遂與讖合而一。』

『班固謂聖人作經，賢者緯之。楊侃稱緯書之類，謂之秘經，圖讖之類，謂之內學。胡應麟亦謂讖緯二書，雖相表裡，而實不同。則緯與讖別。前人固已分析之矣。』

即可知讖與緯本來是兩樣東西，並不是同時產生的。大約所謂緯，是起於西京之初，而讖則起源還在其前。漢劉熙釋名中，解釋其字義，說：

『緯，圍也，反覆圍繞以成經也；讖，纖也，其義纖微也。』

現在且先說緯，緯所以配經，故《六經》《論語》《孝經》皆有緯書。《後漢書》緯侯之學，註：『緯，七緯也。』七緯皆託言孔子所作，如：

易緯：稽覽圖，乾鑿度，坤靈圖，通卦驗，是類謀，辨終備。

書緯：璇璣鈐，考靈曜，帝命驗，運期授。

詩瑋：推度災，紀歷樞，含神霧。

禮緯：含文嘉，稽命徵，斗威儀。

樂緯：動聲儀，稽曜嘉，叶圖徵。

孝經緯：援神契，鉤命決。

春秋緯：演孔圖，元命包，文曜鉤，運斗樞，感精符，考異郵，保乾圖，漢含孳，佐助期，握誠圖，潛潭巴，說題辭。

在上述目錄之外，《易緯》尚有〈乾元序制記〉，《漢志》未有，《文獻通考》中始見。又有《乾坤鑿度》，《唐志》《崇文總目》，宋元祐時始見，《唐志》中又有《論語緯》十卷。《太平御覽》中又有《書帝驗期》《禮稽命曜》《春秋命歷序》《孝經左方契》《威嬉拒》等等，都是上述七緯中所沒有的。〈隋書經籍志〉說：

『孔子既敘六經，以期明天人之道，知後世不能稽其同意，故別立緯及讖，以遺來世。』

這種說頭是本於鄭玄而來的，因為他曾經註解緯書，以經緯並重的緣故。〈莊子天道篇〉有『孔子西藏書於周室，繙十二經以說老聃』，註以六經六緯為十二經。這都是認緯書是孔子所作的，不知六緯之說始見於漢之《李尋傳》。李好《尚書》，治洪範災異，王根薦之於哀帝，預言災異每奇驗。前乎此者，劉向校錄群書未嘗提及，張衡謂成哀之後乃始聞。荀悅亦說起於中興之前。可見緯書作於孔子之說實不足信。但是始於成哀亦不盡然，考之經籍，西京之初已載其文，孟喜京房六日七分之卦氣本於《易緯》，《曝書亭》有曰『緯讖之書，相傳始於熙和哀平之際，而小黃門譙敏碑，稱其先故國師譙贛，深明典奧，讖錄圖緯，能精微天意，傳道與京君明，則是緯讖遠本於譙京也。』見曝書亭集卷六十 又〈史記殷本紀〉所載簡狄吞燕卵生契事本於《書緯》。〈太史公自序〉引孔子曰：『我欲載之空言，不如見之行事之深切著明也』〈索隱〉謂是《春秋緯》文。《詩傳》所謂『尊而君之，則稱皇天，元氣廣大，則稱昊天，仁覆閔下，則稱旻天』本於《書緯帝命驗》。〈尚書太傳〉所謂『主春者鳥，昏中可以種穀，主夏者火，昏中可以重黍』本於《書緯考靈曜》。『夏以十三月為正，殷以十二月為正，周以十一月為正』，本於《樂緯稽曜嘉》。翼奉所言『詩有五際』本於詩緯。《禮記經解》所引『失之毫釐，差以千里』，徐廣註謂：『今易無此語，易緯有之。』《蓋寬饒傳》引《易傳》言『五帝官天下，三王家天下，家以傳子，官以傳賢』因此語而得禍，茅坤謂為迂戇。何孟春註『今易傳無此語，或曰易緯文也。』揚雄《太玄經》，張觀物謂其法本於〈易緯卦氣圖〉。可見此種緯書或者在周末已有，但不知為何人所作。《前漢書》《洪範》《孔疏》都說『緯侯之書，不知誰作。』秦漢時目之為卜筮之書，東漢方始盛行，甚至以七緯為內學，五經為外學，賈逵以此論左氏，曹褒以此定漢禮，作大予樂。何休鄭玄又以此註釋經籍，鄭玄註《詩書緯》，宋均註《易緯》，當時經濟學家這樣看重緯書，實為造成漢代迷信的一大原因。

至於讖，則起源甚古，以〈隋書經籍志〉考之，有《孔老讖》十二卷，《老子河洛讖》一卷，《尹公讖》四卷，《流向讖》一卷，雜讖二十九卷等，可見圖讖之書自古已有。讖者，預知未來之事，如《舊約》中之先知，符讖圖讖，皆言將來得失之兆，《史記》所謂秦讖於是出矣。〈史記趙世家〉扁鵲言秦穆公寤而述上帝之言，公孫支書而藏之。秦本紀燕人盧生使入海還，以鬼神事因奏錄圖書，言亡秦者胡也。楚雖三戶，亡秦必楚。華陰人言今年祖龍死。皆為讖語。這大概是術士的言，或者是古代巫覡的遺風。光武以赤符受命，應『劉秀當為天子』之讖，尤為深信。光武而後，讖緯混合，歷代鼎革之時，莫不引讖緯為符瑞。俗儒趨時，尤多推助，言五經者，又皆憑之以立說，雖曾有孔安國毛公王璜等非議於前，桓譚張衡荀悅等反對於後，究不敵帝王的提倡，與學者的視為古學。厥後王肅推引古學以難其義，而王弼杜預反從而明之。直至宋武帝始禁圖讖，隋煬帝悉焚其書，其學始絕。胡寅說：

『讖書原於易之推往知來，周家卜世三十，卜年八百，此知來知的也。易道既隱，卜筮者溺於考測，必預奇中，故分流別，其說寖廣，要之各有以也。……術數之學，蓋不取也。……緯書原於五經而失之者也，而尤紊於鬼神之理，幽明之故，非知道者不能識，自孟子而後，知道者鮮矣，所以惑而難解也。』見文獻通考經籍考十五所引

從此以後，此種迷信，誠有如胡氏所謂『易惑而難解』，後世所產生的『推背圖』，『燒餅歌』，以及種種巫師說，都是這一類的遺傳，深終於一般社會思想，實屬牢不可破。

這種讖緯學的產生原由於陰陽五行之說牽合而來，陰陽本於《易》，五行本於《書》，在宇宙原理上初非無哲學上的價值。第自董仲舒著《春秋繁露》而後便流為神秘的思想，劉歆總群書而為《七略》乃有特立的術數，分天文、曆譜、五行；蓍龜、雜占、形法等六種。天文言日月五星二十八宿等事，而紀其吉凶。曆譜言關於建正朔，明曆數等事。五行言關於陰陽，而論孤虛王相遁甲六壬等事。蓍龜者言關於龜卜占筮等事。雜占言關於夢兆變怪等事。刑法言關於地勢家相吉凶等事。牽引附合，發生種種鬼神迷信。並且由五行之說而生青黃赤白黑五帝之祀，秦襄公以後，歷祭白青黃赤四帝，漢高復加黑帝而為五祀。信鬼神，信機祥，莫不以陰陽

五行為根據，與讖緯相表裡，所以有漢一代，實開前古未有的迷信。

第三節　厭世的思想

甲　厭世思想與老莊　什麼叫厭世思想？我們在這裡先有解釋的必要。普通所稱為厭世主義（Pessimism），是把現世看做最痛苦最惡劣的境界，生活在這種痛苦的世界之中，覺得毫無價值漢意義，發生一種厭惡的思想，希望在痛苦之中別找一快樂的境地，精神上可以得些安慰。像印度的婆羅門教，佛教，德國的叔本華（Schopenhauer）以及中國老莊屈宋，都是一種厭世思想的表現。

厭世思想不但不是壞的東西，並且是進一層解決人生問題的哲學。所以從哲學方面來講，老莊學說印度學說，總比孔孟高深一點，就是為了這緣故。但厭世思想是怎樣產生的呢？那自然要歸根到時代與環境的反應，我們不必研究到老莊思想產生的原因，已經有梁任公胡適之等在他們的作品中說得很多了。現在單從漢代來看一看老莊思想復活的原因。雖然可以提出很多的理由來，但是在這裡我們衹歸納得兩條：（一）是漢代提倡經學的反動，漢代尊經重儒，支離繁雜，使人發生厭倦，想別求一高深的學說。（二）是時代紛擾的影響，東漢以後，外戚宦官，更番弄權，互相摧殘，卒釀黨錮之禍，生命危險，朝不保暮，加以兵戎迭起，禍亂相尋。有了這兩大原因，老莊思想，漸受一般人的歡迎，卒造成晉代思想的放任主義。

就老莊思想的本身講來，雖不能肯定為純粹的厭世主義，但從老莊的言所表現的精神，卻不能否認為厭世思想的淵源。他們對於現代社會的不滿，曾發表很激烈的反抗言論，像老子絕聖棄智，絕仁棄義的主張，他見得當時的政治，無非『損不足以奉有餘』，當時的社會，無非飾偽欺詐，已經到了無法補救的時候。莊子尤其厲害，所謂『竊鈎者誅，竊國者侯，侯之門仁義存』，真是把當時社會的罪惡，一語罵盡。他看得人生毫無意義，他說：

『一受其成形，不忘以待盡，與物相刃相靡，其行盡如馳而莫之能止，不亦悲乎？終身役役，而不見其成功，苶然疲役，而不知所歸，可不哀耶？』見莊子齊物論

他的忘生死，齊物論，比老子尤為消極，看人生的空幻，不過是一個夢境。楊朱、列子，都有同樣的厭世表現。

他們認定世界是一個痛苦的世界，而造成世界痛苦的主要原因，不外一個欲字，因為有欲所以逞智，因為弄智所以鬥巧，一切從鬥智鬥巧所發生的詐偽和罪惡，無非出發於各圖[redacted]己私欲。所以老子主張絕欲去智，復歸於樸，張子主張剖斗折衡。欲根於己，所以又主張無我，老子說：

『何謂貴大患若身？吾所以有大患者，為吾有身，及吾無身，吾有何患？』見老子第十三章

莊子說：

『生者，假借也，假之而生；生者，塵垢也，死生為晝夜。』見莊子至樂篇

莊子的忘生死，即老子的無我，無我的理想境界，是一個『老死不相往來』的古代社會，與佛國天堂同一意義。這是從老莊學說本身上看出厭世的思想，當漢末的時代，這種思想，便乘機復活起來，使當時的人生觀，發生絕大的改變。

乙　厭世思想與佛教　大乘的佛教，雖不盡屬出世，但漢代所輸入的佛教，都是小乘，單講出世而不講入世。出世主義原是最初佛教的根本義，為什麼要出世？印為世界是一切痛苦的根源，生老病死，是人生最顯著的痛苦，釋迦用長時間的參悟，無非欲超脫這種痛苦。他覺悟到解脫痛苦的方法，第一步入手，必須從破除第二執，就是我執與法執。因為有執便生出障來，最大的障，就是貪嗔癡三毒，三毒是一切痛苦的原因，有因便有果，所以提出十二因緣及苦集滅道四諦，說明三世因果的道理，集是苦的因，集又根於欲，欲實為一切痛苦之因，故欲解除痛苦，首重克制。克制必須守戒，一切戒律，無非是要克制身口意的欲念。能守戒便沒有欲念，便是消滅苦因的根本辦法，同時方可以進一層得到定與慧的覺悟，這就是佛教離苦得樂的究竟。

他們看世界人生，既有主觀的欲念，又有客觀的誘惑，所以世間是一個苦海，一切眾生，

都沉淪在這苦海之中，而沒有別的方法可以解脫，祇有自己覺悟，把一切都看空了，就是所謂「人空觀」與「法空觀」。人不過是四大和合的因緣關係，世界萬物都不過是水花泡影，瞬息萬變的。無論是身外的富貴榮華，即自身的軀殼，亦不過是曇花一現，如水中波浪，鏡中明月，轉瞬即滅的，這就是所謂人空觀。一切森羅萬象，俱非實在，好像海市蜃樓，變幻莫測，不但是空，亦且是假，這便是所謂法空觀。人與法既然是這樣空假，那末，對於自身的功名事業，對於社會的興革損益，都不必去十分認真，最好能脫離這種牽掣，祇球自身的安閒自在，心境快樂，就是所謂涅槃境界。這種涅槃境界，好像是一個世外桃源，在方寸之間，別有一種無憂無慮的景況，這與道家的理想社會，如出一轍的。我們假使研究佛道兩家思想上的同異，我們可以決斷他們在彥是思想方面，是完全一致的，尤其是他們在各方面互相仿傚，朱熹說過：

『仁義禮法者，聖賢之說也，老氏以為不足為而主於清靜；清靜無為者，老氏之說也，佛氏以為不足為而主於寂滅。蓋清靜者，求以超出乎仁義禮法，而寂滅者，又求以超出乎清靜無為者也。然曰寂滅而已，則不足以垂世立教，於是緣業之說，因果之說，六根六塵四大十二緣生之說，層見疊出，宏遠微妙；然推其所自，實本老子高虛玄妙之旨。』見文獻通考經籍考五十三

從這段話可以見得當時儒釋道三家，在學說上互相仿傚，互相競勝，所以一般喜新厭故的人，舍儒而學道，舍道而學佛，從淑世的儒家思想，而走入厭世的老佛思想，這是漢末在宗教

思想上的一個很顯然的變遷。

丙　厭世思想與當時文學家　漢代學術已經學為中心，兩漢著名的經學家固屬不勝枚舉；但同時又有一班辭賦家，在他們的文學作品中，往往帶著一些消極的思想。最初如賈誼的自傷所著〈弔屈原賦〉〈鵩鳥賦〉與屈原之〈離騷〉有同樣的憂思，故司馬遷曾以屈賈同傳。漢代的辭賦文學，大半受〈離騷〉的影響，如嚴忌的〈哀時命〉，揚雄的〈畔牢愁〉都是憫屈原而仿〈離騷〉之作。此外則馮衍的〈顯志〉，崔篆的〈慰志〉又皆懷才不遇而聊以解嘲的作品。司馬相如為漢代辭賦家的傑出，託神仙以作〈大人賦〉，張衡為漢代科學家，亦有〈四愁〉之作，其餘辭賦家的作品，頗多藉文章以洩其胸中悲憤，有悲觀厭世的傾向。淮南為道家，所著〈鴻烈解〉多有言神仙黃白之術，大小山八公之徒，尤為淮南思想的靈魂，〈原道訓〉根於〈九師說〉，中多《老》《易》混合的話，實開晉代側重《老》《易》之先河。繼此而導漢代思想於厭世之境者，厥惟建安七子。建安文學，實總兩漢的菁英，開六朝的先路，當時影響最大的先要推到曹氏父子。以一世之雄的曹操，亦有『對酒當歌，人生幾何』之嘆，聰穎如曹植，往往藉〈愁思賦〉而發為哀辭。至於七子之倫大都悲涼哀怨，以寫其胸懷，而漸啟六朝頹廢的思想。其次則為正始終的王弼何晏，始明倡老莊之學，王弼注《老子》《周易》，何晏作《道德論》，都足燃老莊學說的死灰。當世競慕其風，前有四聰八達的同調，後有竹林七賢的揚波，延及六朝，風氣為變。之二人者，實為厭世思想的嚮導，宜乎范寧之責其罪浮桀紂嘗說：

『王何蔑典文，不遵禮度，游辭浮說，波蕩後生。飾華言以翳實，騁繁文以惑世。搢紳之徒，翻然改轍；洙泗之風，緬焉葦墜；遂令仁義幽淪，儒雅蒙塵，禮壞樂崩，中原傾覆。古之所謂言偽而辯，行僻而堅者，其斯人之徒歟！』見晉書卷七十五范汪傳

范氏深惡痛切至此，以為清談之禍，肇自二人。雖或言之過當，而王何二人的倡導《老》《易》實影響當時思想的劇變，為不可諱的事實。綜漢代文學家的言論，從經術的厭倦與時局的喪亂之中，漸趨向於老佛，而發表為消極厭世的思想，也是時會使然的。

第四章　魏晉南北朝的宗教思想

第一節　宗教生活概況

甲　東漢以後思想轉變的原因　從東漢以後，在思想方面，有很顯著的改變。這種改變的最大表現，就是由極端的尊儒，變成為崇拜老佛，造成道佛二教對峙的形勢。推厥原因，大旨不外乎三端。

（一）為漢代經學的反動。自漢武帝罷黜百家，尊崇六經以後，綜漢一代，前後凡三百五十年間，一般學者，莫不以專研經學為務。或發揮其義理，或考覈其訓詁；末流所及，乃至破碎支離，出奴入主。班固嘗舉其流弊而言曰：『說五字之文，至於二三萬言，幼童而守一藝，白首而後能言；安其所習，毀所不見。』見漢書藝文志六藝序　這種情形，往往使學者生厭，於是如魏文帝的倡導法術，何王等的大扇玄風，何莫非這種經術研究所激起的反動。

（二）為時局離亂的結果。漢末自黃巾叛亂，三國爭衡，干戈相尋，性命有如朝霧；群雄既自歌劇，骨肉且盡成刀俎，加以權奸起伏，傾軋凌夷，先王的禮法不足以防閑，儒家經世主義，已無復支持能力。便相率鄙棄儒術，別求安心立命之道，這也是一種自然的趨勢。

（三）為老佛學說的影響。自王弼《老》《易》，開六朝玄學之先，於是一般學者，咸以研精《老》《易》為一時風氣。以為儒學淺薄，不若老莊，老莊浮誕，不若佛理，於是舍儒學老，舍老學佛，這便成了當時學術思想上的普遍趨勢。老佛學說因而大興，竟奪孔子的地位。

這三點不可謂非當時學術思想轉變的重要原因，但把他歸納起來，也可以說半由於喜新厭故，辦由於時局紛擾。

乙　道佛思想的發展　從上述種種原因所產生的結果，修仙學佛，便成為這時代極普遍的趨嚮。就道教言，從葛洪首倡黃白之術，著抱扑子以神其說以後，南齊的顧歡、梁的陶弘景……等，莫不努力於神仙道術的提倡。道武帝崇信斯術，服食仙藥；寇謙之退隱嵩山，獻圖錄之書，太武乃信從其說，為建天師道場，親受符籙，改元為太平眞君。後來有韋文秀、祈纖、絳略、吳劭、閻平、王道翼、張遠游、趙靜通、張賓之、衛元嵩……等道士出來，都得當時帝王的寵幸，道教於是乎大盛了。其時不獨服食導引，燒丹煉藥，為一般人所深信；尤其是雲中科戒，齋醮科儀的方法，也普遍於一般社會，大家以為神仙可學，不死有方，信從的人便日愈眾多了。

佛教亦然，其旨趣本與道教相符，深投當時人之所好。並且當時僧徒的來自西域的，日愈眾多，如佛圖澄之於後趙，鳩摩羅什之於後秦，菩提達摩之於後魏，以及其他碩學高僧，或譯經論，或宏教理，一讀《高僧傳》所載，大半皆是這時候的人物。同時也有不少中國僧徒遠赴西域，以求梵典。梁任公曾從《高僧傳》中搜羅得西遊僧人，而撰為〈千五百年前之中國留學生〉一文，謂自漢末朱士行起至唐貞元間有百五人之多；佚名者八十二。這時代的人物，佔百分之四十有奇。最著名的，莫如晉初的法護，後秦的法顯，他們皆身歷險阻，廣求佛法，其影響於中國佛教者實至大。統計當時胡僧來中的有三千餘眾，譯著經典多至四百餘部，建立寺院有三萬餘，所初僧尼數達二百萬之譜，這時期佛教的發達，也就可以想見了。

丙 南北朝的風氣 東晉以後，中國分裂，遂稱為南北朝；南朝宋齊梁陳，北朝則後魏之後，復分東西魏及北齊北周，是漢以來最紛亂的時代。篡弒逆亂，視為常事，南朝二十四君中，被弒者十一，被廢者三，北朝二十六君中，被弒者十五，被廢者一。又有十六國之紛亂，始於宋元嘉十六年，歷百三十年之久，有五涼二趙三秦四燕與夏成漢等國，紛亂情形，可見一斑。不獨學術文化大受影響，即宗教風習亦因而變遷。南朝承西晉風氣，鄙棄儒術，主張放任清談之風，猶未盡息，以退隱為務，以曠達為高，流連佛道，不問世務，養成柔靡之民風，無力偏安之局。北朝來自蒙古，民風強悍，不脫游牧之習；對於南方風氣，甚表不滿。雖亦崇信佛教，卻拒斥老莊的浮誕，反而尊重儒術，廣興大學。劉淵父子的好學經史，劉曜苻堅的振興學校，後魏孝文的精通文藝，儒術因以大興；彬彬文學之盛，反較南朝為優。遂使重道重儒的南北風氣，似顯然中分鴻溝。綜此二百餘年間，趨向各別；即就人材而論，自西晉以來，在南方儒學衰微，研究經術者，除杜預范寧而外，王弼雖曾注易，卻與老學混合；齊之王儉，梁之黃侃，為當時僅有之經學家。而北朝則後魏之徐遵明，兼通諸經，盧景裕、李周仁、李鉉等，皆通經術。尤以李鉉為北齊所重，其弟子熊安仁為北齊博士，劉炫、劉焯俱博學而富著述。同時南朝之文學家，如謝靈運、顏延年、張融、徐陵、沈約、庾信之徒，無不耽好內典，梁世諸帝，尤多皈依浮屠，羅什及沙門之譯著經論，一讀《弘明集》，知佛典的發揚，反駕儒術而上。不若北朝諸帝中的雅好經史者，不一其人，如劉淵之師事崔游，勤習五經，其子劉和、劉宣，師事孫炎，經史百家，無所不通。劉聰亦從學崔岳，立太學於長樂宮，立小學於未央宮，選民間俊秀，教以經術。苻堅雖為氐人，幼好學儒，用王猛輔政，一月三臨太學，獎勵周孔微言。慕容皝立東庠於舊宮，親自臨考。他如姚興與范勛、姜龕講究經籍，姚泓沮、渠蒙遜……等無不好研經史。後魏如道武設太學置五經博士，獻文建鄉學，孝文修國子大學四門小學，造明堂辟雍獎勵經術。此皆北方重儒的大概情形，宜乎南北風氣的截然各別。惟佛教信仰，南北皆極興盛，在宗教生活方面，受佛教影響，尤為中國歷史上不可諱言的事。

第二節　魏晉的人生觀

甲　清談派的影響　研究當時的人生觀，清談派足以為代表，清談之風何自生？由於漢末人的過重名節，弊乃至於狷介偏固，不願為禮儀法杜所拘束。降及魏晉，遂生反響。加以政權時移，佛說東漸，一時士大夫，託名風流，不預世務；既求避禍，復賤禮法；開其端者，厥推王何，他們祖述老莊，主張虛無，謂天地萬物以無為本。阮籍繼之，作《大人先生傳》，以為世之禮法君子，如蝨之處褌。慕其風者，有王衍、樂廣，後進遂以老莊為宗，賤黜六經，以言禮言治者為俗吏迂儒。載酒遨遊，放談玄妙，則所謂竹林七賢者，是其代表；稽康、阮籍，尤為領袖。七賢之外，王澄、阮修、畢卓、謝鯤，皆以放任為達，甚至醉裸通衢，盜酒被執，『苟全性命於亂世，不求聞達於諸侯』，這些人原是一實不得已的辦法。但因此而造成一代風氣，影響到社會國家，非常之大；幾使上自王公，下至士庶，莫不趨向到消極厭世的境界，不能不說是清談派始作之俑。

這種消極的人生觀，大概含著兩種質素：一根於老莊的學說，一原於浮屠的旨趣。當時學者，莫不出入老佛，塵尾念珠，同普遍於士大夫手中。《梁書》載劭陵王綸親講《大品經》，復命馬樞講《維摩老子》，道俗聽者達二千人，可見南朝風尚，猶不脫清談遺風。自宋至陳，雖朝代數遷，而信老信佛，繼續不替。老佛既混合為一，而老佛思想結成為一種逍遙閒適，清靜無為的人生觀。晉祚的不永，時局的紛亂，清談派實不能辭其咎。其流風所及，歷隋唐而未已，助長佛燄，潛力尤大；故在宗教思想上，清談之風，實為儒佛的一大過渡時期。

乙　縱樂人生的傾向

縱樂人生也是厭世思想的一種表現；他們看時世既不可為，便抱著『遇飲酒時須飲酒，得高歌處且高歌』的態度。以為人生至暫，行樂必須及時，像〈列了揚朱篇〉所記：

『百年壽之大齊，得百年者，千無一焉。設有一者，孩提以逮昏老，幾居其半矣；夜眠之所弭，晝覺之所遺，又幾居其半矣，痛疾、哀苦、亡失、憂懼，又幾居其半矣。量十數年之中，逌然而自得，亡介焉之慮者，亦亡一時之中爾，則人之生也奚為哉，奚樂哉？』

列子這本書，大概都以為是這時代的偽作，所以它裡面所表現的思想，也可以作為這時代的代表。從上面這段話裡，看見當時的人，對於人生既然這樣的悲觀，便不能不要想出一種解決的方法來；但是他們的解決方法怎樣？只有：

『恣耳之所欲聽，恣目之所欲視，恣鼻之所欲向，恣口之所欲言，恣體之所欲安，恣意之所欲行。』同上

專圖目前的快樂，求解脫人生的痛苦。且再看楊朱篇裡記載著公孫朝弟兄的故事：一個是好酒，一個是好色，都可以作為極端的縱樂主義的代表。以為惟能這樣縱樂，方能算得全性保眞的自然人，否則受禮法的束縛，受仁義的桎梏，人生還有什麼快樂可說呢？那時的人生，多數有這樣的傾向，劉伶、畢卓之徒，嗜酒如命，以及竹林七賢等的淫逸放達，莫不出發於縱樂的思想。因為他們既感到現世的人生，祇有痛苦，沒有快樂；欲求快樂，祇有忘記痛苦的的一

法。酒是麻醉神經的，所以具這種思想的人，莫不嗜酒。這種人生觀，直流到唐宋的詩人之中；同時，也想從積極方面去尋找一種快樂的方法，於是道佛的思想便為他們所歡迎。所謂蓬萊仙境，所謂淨土樂園，予悲觀主義者以新的希望，所以這種悲觀厭世的縱樂主義也做了道佛宗教發皇的媒介。這種思想，雖不能算是一種宗教思想，但卻可以說是厭世的宗教思想侵入的導綫。

第三節　佛教徒的特興

甲　佛徒的翻譯事業　佛教既來自印度，則所有著作，自是多出於翻譯。翻譯極盛的時代，再自東漢至中唐約七百年間，（本章述及佛教各節，以事實上之不可分，往往涉及唐代，希讀者注意。）據唐僧智昇撰《開元釋教錄記》：譯人一七八，譯經二二七八部，七○四六卷。元僧慶吉祥撰《法寶勘同總錄》，總括至元以前所譯諸經典，有譯人一九六。最近梁啟超著《佛典的翻譯》，分之為三時期：自東漢至西晉，約二五○年間為第一期，至東晉至隋，約二七○年間為第二期，自唐貞觀至貞元，約一六○年間為第三期。

關於第一期的譯務前文已略說及，相傳四十二章經為攝摩騰竺法蘭所譯，為翻譯佛經之始。但文體摹仿《老子》，道安所輯經錄沒有他的名，所以梁啟超疑其為魏晉以後的東西。除此以外，東漢譯經大師，要推安清與支讖二人，據惠皎《高僧傳》說：『清本安息國太子，出家徧歷諸國，漢桓帝時到中國來，二十餘年計譯安般守意經等三十九部。』安道嘗曰『惟清所出，為群譯首。』識於靈帝譯出《般若道行》《般舟三昧》《首楞嚴》等三部，有華人孟福、張蓮為之筆受；道安謂大阿闍王寶積等經，似亦出其手筆。梁僧佑撰三藏集記謂：安譯計三十四部，支譯十四部。隋費長房撰歷代三寶記謂：安譯有百七十六部，支譯有二十一部之多，數目竟不同如此。但安譯多屬小乘，出於《四阿含》中者居多。支譯則半屬大乘，《華嚴般若寶積涅槃》皆䌷譯。

支讖有弟子曰支亮，支亮有弟子曰支謙，後世稱為三支。支謙為月氏人，生長中國，其父於靈帝時來中國，同來的有六百餘人，皆歸化中國。謙既生於中國，兼通六國語言，獻帝時避亂入吳，孫權拜為博士，在江左翻譯經典。除譯出《維摩大般泥洹法句》《阿彌陀等經》外，又註《了本生死經》，可為中國註經的起原。《高僧傳》謂其譯經四十九種，僧佑謂有二十七種，費長房謂有百二十九種，都屬小乘經。

同時有首赴西域的朱士行，曾在于闐國求得梵本，由竺叔蘭等譯出曰《放光般若》計二十卷，惟僧佑則云是三十卷。同時又有支疆梁接譯出《法華三昧經》六卷，為《法華》輸入之始。晉武帝時有竺法護，一名曇摩羅剎，月支人，世居燉煌。故稱為燉煌人。通三十六國語言文字，於西元二六五年西遊求經，計二十六年始返，得梵經一五六部，《高僧傳》謂其自西域歸，大齎梵經，沿路傳譯，寫為晉文。回中國後又得聶承遠、聶道眞父子襄助，共譯出大小乘經一五四部，傳稱其終身為寫譯，可謂第一期中譯著最勤的人，而且能直接自譯的。

至於第二期中最能弘揚佛法的首推道安。他雖不通梵文，但於譯務上卻有極大的貢獻。其所輯經錄為佛典譜錄的起原，以後一切經錄，都由此演出。所著《五失本三不易論》討論翻譯文體極為謹嚴。何謂五失本？一句法倒藏，二好用文言，三刪去反覆詠嘆之語，四刪去一段落中解釋之語，五刪後段覆牒前段之語。何謂三不易？一既須求真，又須喻俗，二佛智懸隔，契合實難，三去古人久遠，無從博證。他又嘗品騭譯本，其弟子中襄譯之人都得其指導；首創念佛宗的慧遠乃其弟子之一，雖亦未嘗自譯，但曾遣其弟子法領西求得《華嚴》；又嘗在廬山設般若臺譯場，指導監督完成《兩阿含》及《阿毗曇》實有大功，鳩摩羅什亦嘗與之討論翻譯義例。

貢獻最大的，任何人都能知道是鳩摩羅什了。他本來是龜茲國人，在《高僧傳》中記載他的歷史很詳。初得道安的介紹，苻堅極欲招致之，乃命呂光率兵七萬征龜茲，而得鳩摩羅什以歸；甫抵涼州，聞苻堅已經敗亡，羅什便為後秦姚興所得，禮之為國師，設立譯場於長安逍遙園中。當時襄理譯務的人，有僧叡、僧肇、法欽等八百餘人之多；這是國立大規模譯場的起頭。綜其生平，共譯出經綸有九十四部，四百二十五卷之多。屬於經部的：有《華嚴部十住經》四卷，是與耶舍同譯的。《寶積》部三種，《方等》部七種十八卷，《般若》部四種四十三卷，《法華》部二種八卷。屬於論部的：有《大乘論》九種百六十三卷，《小乘論》二十卷。屬於律部的：

有三種七十九卷。尚有若干未列入典錄的譯品，這眞可算得翻譯事業上的第一人了。

苻秦時先羅什而來的有僧伽跋澄、曇摩難提、佛伽提婆合譯《增一阿含》五十卷，《中阿含》六十卷以及《鞞婆沙論》《阿毗曇論》等，小乘教義幾已譯盡；曇摩耶舍，亦稱為前耶舍者也，也參與其中。與羅什同時的，則有後耶舍，名教佛陀耶舍，曾與羅什合譯《十住經》——也叫《十地論》——並《十誦律》。又與竺佛念合譯《四分律藏》四十卷，此書為小乘律中最完備之書。又獨譯《長阿含經》二十二卷及《虛空藏菩薩經》，亦為當時譯務上的健將。至於竺佛念，本為涼州人，幼治小學，經通訓詁，兼通梵語，所以在當時的翻譯家中，除了羅什以外，沒有一個部得他的幫助的；因為像跋澄、耶舍那些人，都是不通華語的。他自己也譯了不少的東西，如《十住斷結經》《菩薩瓔珞經》《摩訶般若鈔經》《菩薩處胎經》《中陰經》《瓔珞本業經》《戒因緣經》等。當時在譯務上襄理的華人除後漢有張蓮、孟福、嚴佛調、支曜、康巨、康孟祥等外，在這時候有聶承遠父子、陳士倫、孫伯虎、虞世雅等人，竺佛念也是其中的一個。

與羅什齊名的，要算佛馱跋陀羅這個人，他的中國譯名叫覺賢，是迦維羅衛人，與釋迦同祖。當時智嚴寶雲二人，曾跟法顯西遊，寶雲到了于闐、天竺以後。就先自歸來了；智嚴獨從覺賢受禪法，宋武帝邀之東來，後智嚴又赴天竺，卒於罽賓。覺賢初來中國的時候，曾與羅什會晤，同理譯務，後因細故，為羅什弟子所擯棄，遂離羅什南下，關中諸僧邀之北返，不果，慧遠亦馳書勸解。法領從于闐所得《華嚴》，法顯從印度所得《僧祇律》都經其手譯出。綜其所譯凡十五部一百十七卷，其中最大的則有晉譯本《大方廣佛華嚴經》六十卷《觀佛三昧海經》《觀無量壽經》等。尚有一譯務上的偉人名叫曇無讖，是中天竺人。起初學習小乘，深明印度五明之學，後來學習大乘，在北涼沮渠蒙遜的時候來華，曾經攜來《涅槃經》。那時智猛也從天竺帶來了《涅槃經》，不過僅前分二十卷，惟曇無讖所攜的乃前後分四十卷，便譯成華文。又譯《大方等大集經》《金光明經》《悲華經》《楞迦經》《菩薩地位經》以及《優婆塞戒》《菩薩戒等律本》，在譯務上成績很可觀。綜當時譯務上的人材，羅什、覺賢、曇無讖可稱為六朝時代的三大哲。

總上所譯，已佔佛經的大部分，《四阿含》《華嚴》《法華涅槃》皆全譯出；《大集》《寶積》也譯出半數；《般若》小品大品，單行大乘經數十部；戒律、大小乘論也譯出不少，可以想見其盛了。此後又有求那跋陀羅的《譯楞嚴伽》《雜阿含阿毗曇論》等；菩提支流再譯《楞伽》及《解深密》《思益梵天等經》及《十地論》等；勒那摩提譯《寶性論》；佛陀扇多譯《寶積諸品》及《攝大乘論》；拘那羅陀，即眞諦，譯《大乘起信論》《攝大乘論》《決定藏論》《中邊分別論》《大乘唯識論》《大宗地玄文論》《俱舍釋論》等；為羅什後譯述最多的人。般若支流譯《唯識論》《順中論》以及那連提耶舍、闍那掘多、達摩笈多、波羅頗伽羅這些人，所譯雖不少，然皆屬於論部，惟眞諦所譯《起信論》《唯識論》，卻惟大乘法相輸入的關鍵，關係非常之大，所以人都稱他為小玄奘。

從此以後，則入於第三期了，這期中的巨擘要算玄奘，在這裡暫部敘述，留在下文再說罷！

乙　帝王的信佛　佛教自東漢輸入中國，明帝為建白馬寺於京城，同時明帝之弟楚王英極信仰之，後漢書楚王英傳記記之甚詳，有：『尚浮屠之仁慈，……還贖以助伊蒲塞桑門之盛饌……』等語。梁啟超謂其信奉佛教，乃受地域的影響。其次如漢桓帝建祠宮中，吳大帝歡迎康僧，皆漢代帝王中信仰佛教之證。到了晉朝，後趙石勒、石虎的敬禮佛圖澄，起佛寺至八百九十餘所；甚至當時的國人，相戒不生惡念，以『大和尚知汝』為戒，其感化力的偉大至此。（見高僧傳佛圖澄傳）其弟子道安，與習鑿齒為友，同歸苻堅，堅喜曰：『朕以十萬師取襄陽，所得唯一人半，安公一人，習鑿齒半人。』其重視道安又至此。後涼後秦的優待鳩摩羅什，居之餘逍遙園，待之以國師禮，皆足影響到當時的社會。

南北朝的帝王中，幾無一不信佛教，曾任惠琳參與朝政，時人稱他為黑衣宰相。又迎求那跋摩余天竺，命居祇洹寺講法華經，帝率群臣親臨聽講。復設戒壇於南林寺，授僧尼戒律。孝武帝優容曇標，齊高帝聽僧遠講維摩經於莊嚴寺，又任沙門法獻、法暢參知政事，時人稱為黑衣二傑。梁武帝信佛尤篤，初奉道教，繼乃舍道奉佛，曾率道俗二萬人，於天監三年，舉行舍道信佛大典禮。時光宅寺法雲、開善寺智藏、莊嚴寺僧旻稱為三大法師，帝皆篤信而尊崇之。又親自受戒於惠約，建戒壇於禁中，受戒者有四萬八千人之多。親聽僧旻講勝鬘經，且自註大品般若。迎達摩於廣州，為之撰文立碑；迎眞諦於南海，令翻譯經典。曾經三幸同泰寺捨身，設盂蘭盆會，及至侯景兵臨城下，餓死臺城，猶荷荷念佛。陳宣帝崇信智顗，聽經於太極殿。智顗後為晉王廣招至揚州，創立天台宗派。至於北朝諸帝中，亦多信佛，北京沮渠蒙遜迎曇無讖於天竺，令譯涅槃經。後魏孝文帝竟至七次下敕，振興佛教。宣武帝精通教禮，親講維摩；且迎著菩提支流，從事譯務，國內寺院多至萬三千餘所，僧侶至二百萬人，西域沙門有三千之多，可謂北朝佛教最盛的時候。

從此以後，歷隋唐而至清，帝王信佛非常之多，佛教在中國興盛之故大半因此，下文當再詳說。

丙 佛道的混合 晉代之初，研究道家學說者，群以註老莊之書為務，如孫登、王弼等的註老子，向秀、郭象等的註莊子，皆足以覘當時的學風。南北朝時，道教漸漸形成為具體的宗教，設壇場、授符籙、營齋醮，哲學的道家，至是完全成為宗教了。但皆從摹倣佛教而來，朱熹說：『理致之見於經典者，釋氏為優，道家強欲效之，則祇見其膚淺無味。祈禱之具於科教者，道家為優，釋氏強欲效之，則祇見其荒誕不切矣。』見文獻通考經籍考五十二 釋道兩家的互相模倣，固為不可掩飾的事實，所以自晉代以後，兩教在思想上儀式無非都有漸趨混同之勢。他們在思想上既同屬於厭世，在儀式上又復有經典科教的辦法，黃冠緇流，無非一丘之貉，於是乎道佛本一，三教同源的說素，也漸漸地產生了。我們若從當時道教所發生的派別，與佛教的派別互為比較，也可以見得在思想上的相同。

（一）虛無派，根據老子無名無為的學理，以為天地萬物，莫不以無為本，所以王弼注老子，有『道以無形無名，始成萬物』的話。這與佛教中已無為主的成實宗沒有兩樣。

（二）崇有派，與虛無派立在相反的地位，裴頠所著《崇有論》以為老子之有生於無，雖以無為辭，而旨在全有，力闢當時須無派的謬誤，與佛教中一切有部的俱舍宗相同。

（三）神仙派，抱扑子是這一派的代表，以玄為天地宇宙的本體，合乎玄道的，便可以成神仙。暢玄篇中說：『玄者，自然之始祖，而萬殊之大宗也……胞胎元一，範疇兩儀，吐納大始，鼓治億類。』此殆以老子『玄之又玄，眾妙之門』的話做根據，與佛教認眞為不生不滅的宇宙本體，一樣是大乘教的思想了。

（四）無君派，〈抱扑子詰鮑篇〉載抱扑子與鮑敬言討論無君問題，說甚長，抱扑子說：『鮑生好老莊之言，以為古者無君，勝於今世，……夫強者凌弱，則弱者服之矣；智者詐愚，則愚者事之矣；服之故君臣之道起焉，事之故力寡之民制焉。』此種主張，似今之無政府主義；但是他們的主張廢君，卻不是為了伸張民權，乃是覺得人君易於作惡，這與佛教敝屣尊榮，認富貴為罪惡之源一樣觀念。

可以提出來比較的問題很多，現在不必再舉，已經可以證明佛道思想的融通，又加以儀制的互相取法，自然漸趨一致了。周顒與張融討論這個問題，曾經著《通源》之論：言釋道本無二致，嘗喻之曰：『昔有鴻飛於天……越人以為鳧，楚人以為乙，人自楚越而已，鴻常一鴻也。』又嘗推論『致本則同』之義，說道：『道之虛無，與佛之法性，本末無二，道之虛無為形式，佛之虛無為法性』見弘明集卷六故顧歡夷夏論中說：『佛即道也，道即佛也……涅槃仙花，是亦一術，佛說正眞，道稱正一，一歸於無始，眞會於無生，在名則反，在實則合。』同時有謝鎮之與之辯駁。見弘明集卷六卷七這都是認佛道思想一致的論調。至於建寺觀、塑神像、禮經懺、虔禮拜，在種種儀式和制度上，又復相同，故中國民眾對於二致的觀念和信仰，初無何等軒輊。

丁　佛道的爭端　佛道兩教，思想儀式既趨一致，何以復發生爭端？這種爭端，並不是由於兩教本身而起，乃是一般有權勢的人借此以行使他的權威。佛教所遭遇的『三武一宗』之危，在佛教則張大其辭，自召其禍，如佛道論衡所記鬬法等事，與弘明集所搜集的論文，類皆抑彼揚此，足以激起道教的反感。在道教則利用帝王權威，表顯其嫉妒的摧殘。因此，道佛兩教，便發生了分爭，茲僅就三武一宗的歷史事實略為說明：

（一）在後魏太武帝時，他是一個崇信道教的人，曾經自號為太平眞君；道士寇謙之與其宰相崔浩，逢迎帝意，勸滅佛教。適於一佛寺中發見婦人及武器，便據為理由，以興大獄，奏毀天下佛寺。帝遂勒令臣下，坑殺僧尼，破毀經像寺塔。雖有太子百般諫阻，終不見聽，幸太子遣使洩其謀於僧眾，令亟避免；但廟宇佛像，已毀壞無遺了。這是第一次道教得勢遭殃的事。

（二）在北周武帝時，聽信道士張賓之的話，欲廢佛寺，乃於建德三年，邀集百官，令沙門與道士辯論，紗門知炫等竭力抗辯，帝雖偏袒道教，亦不能屈，於是連道教一併廢毀。寺觀廟宇，悉改為王公邸宅，僧侶道士，悉充軍民，北地的佛道宗教，一時銷聲匿跡。這是第二次從佛道爭衡而至於兩敗俱傷的事。

（三）為此後之唐武宗，他也是尊信道教的，曾經師事道士趙歸眞，請除滅道教以外的宗教；同時羅浮山道士鄧元超，衡山道士劉元靖，也有同樣的奏請，宰相李德裕等也都贊同，於是在會昌五年，有毀廢各教的事。其時佛寺被破壞的有四萬餘，還俗僧尼有二十六萬多人；鐘盤銅像，毀以鑄錢，鐵像改鑄農具，其餘金銀佛像悉納於官。同時遭厄的，又有景教、祆教、摩尼教等，這是第三次道教得勢各教失敗的事。

（四）為五代時的後周世宗，他也有毀佛寺三萬餘所與佛像鑄錢的事。雖不是起源於道教，但佛教亦受極大的打擊，這是第四次佛教遭厄的事。

綜上看來，佛道兩教的互相水火，大多發動於道教的嫉妒；但是佛教雖屢遭摧殘，不久仍恢復舊觀，流傳不斷。在一般社會人士看來，這種爭端，是兩教的自身問題，與民間的宗教信仰，絕不發生任何影響，而且因佛教頻受摧殘之故，民間的擁護佛教，反更出力。因為中國國民的宗教容納性，不但認佛道二教，可以並行不悖，即任何其他宗教，亦很容受不拒的。

第四節　佛教思想的影響

甲　靈魂存滅的討論

這個問題的發端，是從梁范縝所著《神滅論》起頭的。他看見當時佛教傳布的興盛，認為國家社會有很大的害處，所以想從根本上推翻佛教。在他所著的三十一條問答之中，曾經自述他的理由，說道：

『浮屠害政，桑門蠹俗，風驚霧起，馳蕩不休，吾哀其弊，思拯其溺。夫竭財以趣僧，破產以趨佛，而不恤親戚，不憐窮匱者何耶？良由厚我之情深，濟物之意淺，是以圭撮涉於貧友，吝請情動於顏色，千鍾委於富僧，歡懷暢於容髮；豈不以僧有多稌之期，友無遺秉之報，務施不關周給，立德必於在己；又惑於茫昧之言，懼以阿鼻之苦，誘以虛誕之辭，欣以兜率之樂，故捨逢掖，襲橫衣，廢俎豆，列瓶鉢，家家棄其親愛，人人絕其嗣續；至使兵挫於行間，吏空於官府，粟罄於惰游，貨殫於土木，所以奸宄佛勝，頌聲尚權，惟此之故也，其流莫已，其病無垠。若知陶甄稟於自然，森羅均於獨化，忽焉自有，怳爾而無，來也不禦，去也不追，乘夫天理，各安其性，小人甘其壟畝，君子保其恬素。耕而食，食不可窮也，蠶以衣，衣不可盡也，下有餘以奉其上，上無為以待其下，可以全生，可以養親，可以為己，可以為人，可以匡國，可以霸君，用此道也。』見弘明集卷九

他的反佛理由，在這一段話裡，已敘述得很詳盡。後世如傅奕、韓愈等反佛文章，亦不過拾其餘唾而已。從他這篇洋洋大作發表以後，一時信佛的人，便起了極大的恐慌；梁武帝竟詔敕臣下，著論辯駁，當時顯宦名士高僧，著文辯駁者有六十三人之多，構成一回極大的筆戰。

其妹婿蕭琛也曾加入辯駁，曹思文最為努力，有《重難神滅論》之作，范縝皆一一加以還駁，針鋒相對，可說是宗教史上的奇觀，我們可以從《弘明集》中看見兩方面的論調。

現在我們把它三十一條問答總括起來，大概可以看出他的意見。

（一）他以為形與神，（即肉體與靈魂）是一個東西，所以說『形存則神存，形謝則神滅』。

（二）他用許多比喻來證明他的論據，他以為神與形，猶利之於刃，舍刃即無利，又如木之與質，人生如木之有質，豈有異木之知。

（三）他辯駁知慮是神的話，以為知慮是心器所主，心器為五臟之一，是亦神即形之證。

（四）他又辯駁人死為鬼的話，以為皆屬妖妄，大凡歷史冤鬼索命等事，皆不足信，人滅為鬼，鬼滅為人，絕無此裡。

（五）他又以為古人為宗廟祭祀，乃聖人從孝子之心，所以設教，並不是眞有鬼。

這些都是三十一條中的大概意見，而辯駁他的涔張中，也不外根據這幾點，這裡無庸瑣說了，參閱《弘明集》便可以明白。現在我們可以把關於這個問題的意見，從古代至今的學者中略略提及。

歷史上態度最明瞭而承認靈魂不滅的首先要算墨子，他在〈明鬼篇〉裡舉出許多冤鬼索命的事，證明鬼神的存在，人身雖死靈魂不滅。其次如道家的老子說：『以道蒞天下，其鬼不神，非其鬼不神，其神亦不傷人』，見老子第六十章 似乎也是承認有神的。列子、莊子分精神骨骸為二，如：『精神者天之分，骨骸者地之分……精神入其門，骨骸反其根。』又說：『死於是者，安知不生於彼。』見列子天瑞篇 這是明明承認神不滅的。而且莊子嘗以薪火來比喻形神，如曰：『指窮於取薪，火傳也，不知其盡也』，陸樹芝以薪比肉體，以火比精神。見莊子雪養生主篇 文子更有『形有靡而神不化』的話，足以證道家思想，也是信神不滅的。孔子雖不明白地說過，但『祭神如神在』，似承認神不滅的。惟荀子則不然，他說：『君子以為文，百姓以為神』註見荀子天論 他不承認鬼神的存在。漢的王充，與荀子意見相同，他說：『人之死，猶火之滅也，火滅而耀不照，……火滅光消而燭在，人死精亡而形存；謂人死有知，是謂火滅復有火也。』見論衡下論死篇 他又以水凝為冰，比喻形神的關係。范縝的意見，實淵瑜荀子、王充，說理尤婦相同。

同時，在晉初討論這問題的先有慧遠的《形盡神不滅論》，鄭道子的《神不滅論》，他們都以佛教立場，以薪火為喻。慧遠說：『火之傳於薪，猶神之傳於形……惑者見形朽於一生，便以謂神情俱喪，尤覩火窮於一木謂終期都盡耳。』見弘明集卷五 這是解答當時的一種問難。鄭道子之作也是答客難的共五條，其大意『形與氣息俱運，神與妙覺同流，……各有所本，相率為用。』他又以為『因薪則有火，火本自在，因薪為用』這與桓譚說過『精神居形體，猶火之然燭』同一意義。凡此皆先范縝而討論形神的關係。同時在范縝、蕭曹的討論之外，還有沈約的幾篇著

作——《形神論》《神不滅論》《難范縝神滅論》——與蕭曹、慧遠等有同等的價值。（上皆見弘明集卷五卷十）

乙　三教同源說

自康僧會初至江南時，闞澤辯有答吳主三教對比之問說：『孔老二教，法天制用，不敢違天，諸佛設教，天法奉行，不敢違佛。』牟子作《理惑論》論佛儒思想之一致；道安以《老子》語解《般若經》；這些可以說是三教一致的最初意見。晉初老佛思想既趨一致，但多有懷疑於儒佛的不同，於是有孫綽首倡儒佛一致論，他所著的喻道篇，則說：『周孔即佛，佛即周孔，蓋內外名之異耳。……佛梵講也，晉時訓為覺；覺，悟也，孟軻以聖人為先覺，其旨一也。周孔匡救時弊，佛教為明其本，為其首尾，其致不殊。故尋於逆者，每見其二，通於順者，無往不一。』（見弘明集卷三）

繼之者則有張融，他與道士陸靜修為友，自稱為天下之逸民，臨終左手執《孝經》《老子》，右手執《小品法華經》以表明其三教同重的思想。同時周顒嘗與之討論釋道，所著《少子》五卷，雖已失傳，但在《弘明集》中尚可見他們互相問答的話。（見弘明集卷六）其曰：『道與佛無二，寂然不動，致本則同，感而遂通，達跡成異』世人不悟其同，故設鴻乙之喻，以明同者其本，異者其末，故其結論則曰：『道同器殊。』就是說：在形而上方面的道，本來是一；惟在形而下的器方面，方有釋教道教之分。不但佛道本於一源，即一切聖人的道，都是沒有分別的，所以說：『百聖同投，本末無二』竟承認外教一致的。顧歡亦有同樣的論調，所著夷夏論有：『釋道二教，在形而上之道則同，在形而下之器則異，故不可以道之相同，而器亦云一致。理之相若，俗亦盡然，佛教向西夷而發，道則向中夏而生』等語。且曰：『道即佛，佛即道，在名則反，在實則合。』又以舟車行遠為喻，以為行水行陸雖不同，而致遠則一。這些都是六朝三教同源的意見，這種意見，影響於後世亦非常之大。隋之王通，雖為純粹的儒家，但卻本修齊治平之道，觀察三教的利害。說道：

『詩書盛而秦世滅，非仲尼之罪也，虛玄長而晉室亂，非老莊之罪也，齋戒修而梁國亡，非釋迦之罪也。易不云乎？苟非其人，道不虛行。……或問佛？子曰：聖人也，曰：其教何如？西方之教也。……』見文中子周公篇

他以仲尼、老莊、釋迦並列，認三教同一，無異南北朝時的論調。唐初雖有道釋爭次之事，但是從則天名定位次以後，德宗則開三教講論，宣宗以後，每逢皇帝誕辰，必行三教談論。韓愈雖闢釋老，謂李翺復性論參雜釋老，但他自己所著原性，以子思、孟子為骨幹，實以釋老為枝葉，嘗說：『彼等以事解，我以心通』，實已非儒教的本來面目，而含有釋老的意味，實足以開理學的先河。宋代理學，雖明言反對佛老，而其思想，實已充滿佛老質素。僧如契嵩，尤力求儒佛調和，所著輔教篇，與宋儒理論，完全相同。德洪有詩贊契嵩：『吾道比孔子，譬如掌與拳，展握故有異，要之手則然。』王浮著化胡經，謂釋迦、文殊，乃老子、尹喜所化。法琳作《破邪論》，謂佛道遺弟子教化震旦，孔子即儒童菩薩，老子即摩訶迦葉。穿鑿附會，以

誣破誣，異常可笑；但三教一致之思想，亦可見其普遍了。劉謐著《儒釋道平心論》，多言三教本一之理，這種思想，大都根源於六朝而來。

丙　佛教宗派的產生

初期佛教，本來有什麼宗派，佛滅後五世紀，衹有所謂大眾上座之爭厥後意見紛歧，又別為二十部。馬鳴、龍樹而後，大乘說起，根據原始戒定慧三學，制教化教，執有執空，遂各異其趨向，於是漸演變成為各種宗派。入華以後，羅什譯經，始有宗派的流傳，喜研《三論》的，則稱為三論宗；講演《成實論》的，則稱為成實宗；有玩索《涅槃經》的，有學習《法華經》的，有弘傳《地論》《攝論》的，皆無非根源於一經一論，而發揮其意旨。隋唐以後，宗派始確然成立，便有普通所謂十三宗，即毘曇、成實、律、三論、涅槃、地論、淨土、禪攝論、天台、華嚴、法相、眞言……等是。厥後併涅槃於天台，併地論於華嚴，併攝論於法相，正是流傳的衹有所謂十大宗派了。

這十大宗派的區別：毘曇宗則重三世因果，四諦十二因緣；成實宗則重人空法空，破除二障；律宗則重止持作持，戒行清淨；三論宗則重破除邪執，顯示正觀；淨土宗則重澄清念慮，往生淨土；禪宗則重以心傳心，恢復本來面目；天台宗則重教相觀心，融悟三諦；華嚴宗則重法性眞如，圓融無礙；法相宗則重三界唯心，萬法唯識；眞言宗則重無顯非密，無密非顯。說來本極話長，無繁瑣說了我們在這裡所應當知道的，就是有什麼宗派在中國思想界發生過影響；追溯他的淵源，卻不能不說到晉朝的南北兩系統中以慧遠為領袖，北方系統中以羅什為領袖。慧遠為道安弟子，居於江南的廬山，可為當時南方佛教思想的中心，靜修禪定，勤求出世，持『沙門不拜亡者』的主張，以攝心克欲為第一義，在廬山所開的白蓮社，入社念佛的，僧俗凡百二十三人之多，大半皆由北方慕道而來。現在所流傳的《蓮社高賢傳》所列十八人中，如雷次宗周續之……等皆當時的學者。謝靈運為慧遠弟子，陶淵明常往來廬山，雖未列名在十八賢中，卻與蓮社有密切關係。他們都抱著高逸之風，承當時崇奉老莊餘習，安閒樂道，嘯傲山水，不獨影響於南北朝一般人的人生觀，且為佛教思想中最有力的一派。後來所產生的淨土與禪，不可謂非根源於此。因為蓮社所揭櫫的口宣佛號，心觀佛德，注重在三學中的定慧，定心凝觀；雖不能與後來『不立文字，教外別傳』的禪完全相符，而返觀自心，從教啟悟，確也是一種禪理，包含當時念佛的意義之中。誰也不能否認千餘年來佛教思想最普遍於中國社會的，就是念佛與參禪的兩種修行方法；不獨在梵剎中出家和尚，暮鼓晨鐘，奉此為唯一法門；即三家村的老媼，與智識界的居士，也莫不之道口宣阿彌陀佛心念如來。其影響之大，無待贅言。

至於北方思想，自羅什經長安，當時參與逍遙園譯務的有八百人之多，羅什弟子三千，尤為北方佛教的中堅分子。當時所譯出的佛典如《成實三論》等論，空宗理論，藉以廣傳；同時如《法華》《般若》亦皆於空論有所依輔。固不待道猛、僧柔、慧次等的講演成實，道朗、僧詮、法朗、吉藏等的發揚《三論》，惠文、惠思、智顗等的宣傳《法華》；而三論宗、成實宗、天台宗以於其時開其端倪。其譯經中的影響最大者厥為《般若》部諸經，一切皆空之理，賴以宣傳。是以羅什所傳，大都偏於空宗，且趨重於理論方面與南方系統之軀重實行，似有不同。

此外尚有兩種極普遍的思想：一為克欲的戒律，一為哲學的唯識，影響亦非常之大。當時所譯出的《四分律》《十分誦律》《僧祇律》雖亦成為不同的派別，但在普通佛教認受戒為入道的第一法門；以為戒行清淨，定慧自生，實屬一致。不獨有出家的具足戒條，尤其有在家的優婆塞夷戒律，是以設戒壇、度僧尼，不待相部、南山、東塔之分，而律宗已成為佛教中的重要法門。悟道莫先於禁欲，在中國思想中實生重大影響。理學家所討論的天理人欲，普通社會所持的戒殺放生，何莫非淵源於此種思想而來。

唯識為《法相宗》的哲學主張，其宗派的成立，雖始自唐玄奘的弟子窺基，而當時憑法象以研究本體，卻早具有；《俱舍》的七十五法，成實的八十四，分析色心王所之不理，不獨在心理學上有相當的根基，尤為哲學上的智識論。法相所主張唯識百法，分析更較詳細，哲學上的價值，更為一般人所承認。從現象的觀察以求得眞理，適用三之因明的理論方法，承認阿賴耶為唯識種子，而歸結於種子生現行，現行薰種子，逃不出唯心論的哲學研究，不過這種明顯的智識論，確為近代一般智識階級所歡迎，也有法相宗人的特別發揮，影響亦很不小。

此外雖尚有大乘終教的華嚴，祕密莊嚴的眞言……等，然祇供少數學者們的高深研究，與普通的社會思想似無直接影響。所以在普通所謂佛教十宗派中，在當時及後世思想界中發生較大的影響的，祇有上述的幾種，如念佛、參禪，一切皆空，制欲的戒律與智識論，數者而已。

第五章　唐宋元的宗教思想

第一節　宗教生活概況

甲　外來宗教的影響　從唐至元，有七百五十年之久，其間的宗教情形，大約可分為兩部分：一為固有的宗教，一為外來的宗教。現在我們先來講到外來的宗教：從唐代起頭，就有西方傳來的宗教，即景教、祆教、摩尼教、回教……等，在宋元則有一賜樂業教、也里可溫教……等。唐太宗破信宗教，不獨固有的佛道宗教，得其提倡，即西來的宗教，亦皆容納。景教大德阿羅本，於貞觀九年來長安，太宗命宰相房玄齡迎接他，留居於宮中，並且替他建造大秦寺於京師。後來歷經高宗、玄宗以至於德宗，都力為推廣，於諸州建立景教寺；大臣如郭子儀等，似亦皈依信仰，傳二百十年至武宗始滅。

祆教也稱拜火教，是波斯的宗教，創始於西元前一千年左右，其教祖名叫左羅阿司托爾。當中國在北齊北周的時候，流傳到中國北方。到唐高祖時，長安有祆神廟的建立。太宗貞觀五年，波斯人阿碌來長安，（有謂此即景教之阿羅本）從事布教，立祆寺，置祆正祆祝等職，亦極一時之盛。至武宗時與景教一同滅亡。

摩尼教也是一種波斯宗教，從第三世紀中葉波斯人摩尼創造的，所以就把他的名氏稱他的宗教。教裡的理論，是參酌祆教、猶太教、佛教、景教等教義而成的；以挪亞、亞伯拉罕、左羅阿司托爾、佛陀耶穌為豫言者，自己則為最後的完成人，得波斯王捨普爾一世的尊信，四出布教，後見惡於波斯教徒，給他們焚斃。他的門徒布教到小亞細亞，更從東羅馬傳入西非利亞北部，復東琉入中國，正當武則天那個時候。第一個到中國來的人叫拂多誕，傳布在西北邊地，建設摩尼寺，不過不是十分興旺罷了。

回教是阿拉伯人摩罕默德所創，本源於猶太教及基督教，其經典曰可蘭。當唐代的時候，由中亞細亞傳入天山南路，回紇人都信仰他。後遂傳入中國北方，同時，又由大食人由海道進入江南，在廣州及沿海各地建立寺宇，傳布其教。

一賜樂業教，或者就是猶太教，崇奉摩西，守猶太古規矩，行割禮，故中國也叫他挑筋教，大約在宋朝傳到中國。

也里可溫教，是基督教的別一種，是在元朝的時代傳入的，也是很興旺。

這些外來的宗教，雖各有一度在中國傳布的歷史，除了回教在北方發生長久的影響外，其餘都沒有影響到一般人民的生活，遠不及佛教傳布的力量。

乙　佛道的繼續傳布　佛教雖亦為外來的宗教，但至是已為中國宗教思想所融合，與道教同成中國的宗教了。這時候繼承六朝人的提倡以後，發達已到了極點。唐代開國，高祖時太宗當國，雖曾因為僧尼不守法戒，加以淘汰；而佛教卻仍興盛。玄奘尤為中興佛教之人，開創新宗，發揚教義，翻譯之業，遠出羅什之上，所著大唐西域記，尤為古今學者所珍重。繼其後者，如道宣、義淨、日照、不空等人，皆有優良著作；名士如顏真卿、王維等人，亦皆信奉佛教，與之往還。至文宗時，竟有寺院四萬，僧尼七十餘萬人。武宗雖毀滅各宗教，尚留佛寺長安、洛陽各四所，諸州各一所，不久亦漸復舊觀。宋承五代周世宗毀佛之後，太祖趙匡胤，興復廢寺，重造佛像，行勤等百餘人奉命西求大藏，佛燄復熾。太宗立譯經傳法院於東都，度僧十七萬人。真宗復宏淇翻譯事業，僧尼之數，增加四十六萬人。當時佛教中最佔勢力的，莫如禪宗，仁宗建禪院於汴京，以僧懷璉為主持，禪宗於是大盛，名僧如祖印、契嵩等，尤為闡揚佛法的鉅子，淨源中興華嚴宗，慧能開創黃龍派，都是佛教史上最有關係的事，當時學者又多與僧徒為友，影響及於儒教，所謂理學，就是儒佛混同的表現。降及元代，佛教乃為喇嘛教所抑，喇嘛原亦吐蕃佛教的別派，專以祈禱禁呪為事，僧侶皆穿紅衣，故亦稱紅衣教。先是叶蕃國王深信佛教，曾遣人求法印度，得印度僧侶來歸，獨創喇嘛教，傳布極盛。元世祖忽必烈西征吐蕃，得喇嘛僧八思巴以歸，封之為帝師，蓋將藉以懷柔吐蕃；不意此後喇嘛權勢日盛，天子即位，必受其戒，后妃王公，無不膜拜，與中世歐洲教皇的威權沒有兩樣。原來元代起自蒙古，正教混合，喇嘛獨尊，奸惡之徒，藉其勢燄，無惡不作。卒使民窮財盡，供養遊民，元室滅亡，實基於此。這時候自唐以來的高深佛教，幾乎無形消滅，民間信仰，盡為喇嘛所左右。

至於道教，在唐朝可為極盛時代，因為老子姓李，與帝室同姓，便尊之為國祖，建祠奉祀，稱為太上玄元皇帝。從高祖建祠以後，歷代帝王，莫不尊老，太宗列老於釋之上，高宗親至亳州謁老祠，王侯以下，都習道德經，道士免納稅，人民趨之若鶩。中宗則詔諸州各立一觀，任道士鄭普思為秘書監，葉靜能為國子祭酒，睿宗命西藏隆昌二公主為女冠，玄宗於五嶽置眞君祠，長安、洛陽諸州皆設玄元廟，以道德經為群經之首，又親為註解，於崇玄館設立博士，諸州置玄學生，應舉名曰道舉，道士之得居顯位的，不一而足。宋太祖承其遺風，錫道士陳摶以希夷先生之號；眞宗繼之，築玉清宮於京師，又錫道士等以尊號；徽宗尤甚，字號為教主道君皇帝。元代帝王雖崇喇嘛，於道教亦有相當容納。可見佛道兩教，在當時亦極發達，民間的吃素念佛，修仙學道，尤為非常普遍的事。

第二節　景教的輸入與傳布

甲　景教為何種宗教

（一）是不是挑筋教？挑筋教何時傳入中國？說至紛紜，大概在宋朝（十二世紀）立總堂於開封，迨十四世紀徧布於北方個行省。到明朝有『以賜樂業教』的名稱有《弘治重建清眞寺碑記》《正德尊崇道經寺碑記》《康熙重建清眞寺碑記》可查。以賜樂業教或者就是以色列的譯音，碑中稱其教祖曰阿無羅漢或者就是亞伯拉罕，又說盤古阿耽或者就是始祖亞當，十九代裔孫正教祖師乜攝或者就是摩西，求經於昔那山，或者就是西乃山，再傳藹子剌，或者就是以斯拉。他們崇拜乜攝，堂宇西向，可見是猶太教而不是清眞教——回教。明末李自成亂時，毀滅殆盡，遺民僅二百餘家，居黃河北岸，今已孑遺無己了。（詳見陳垣著以賜樂業教考）可知景教不是挑筋教。

（二）是不是摩尼教？摩尼教是第三世紀波斯人摩尼所創，混合拜火教、印度教、基督教教義。何時傳入中國無從查考，不過在唐朝卻是很興旺的。據《佛門正統大秦摩尼志》所載，說唐代宗敕回紇置寺，賜額『大雲光明』四字，又敕他州各置大雲光明寺，錢謙益景教考稱西域大秦所立教有三，有摩尼焉，有大秦焉，有祆教焉。大秦即景教，可見景教與摩尼教是不同的。當會昌滅宗教時，敕天下摩尼寺並廢……又敕大秦穆護火祆等二千餘人還俗，更可以證明是兩種宗教。

（三）是不是火祆教？《西溪叢話》考證《牧護歌》時，及於火祆二字，說火祆是出於波斯，以祆為波斯神道之名，稱為祆神，這就是所謂祆教。在唐貞觀時傳入中國，立祆神寺於京師崇化坊叫大秦寺，也叫波斯寺。但宋敏求〈東京記〉有『或曰石勒時立此，是祆教之來已久，不始於唐』岳珂桯史記『其所事如中國之佛，無神像，名稱聱牙，不知為何？有碑高袤數丈，上皆刻異書，如衮籀，是為像主，拜者皆嚮之。』後來利瑪竇初來，詫為亙古所未見。唐會要記『波斯事天地日月水火諸神，西域諸胡事火祆者，皆詣波斯受法。』所以波斯教就是火祆教。祆字當從示從天，說文闕中謂天為祆，廣韻曰胡神；西北諸國事天最敬，故稱神曰祆神。這雖是王昶《金石萃編》卷一〇二中的話，但唐時祆叫之盛，與景教有同時的發展。

這樣，景教究竟是什麼？歷來討論的人很多，姚寬在《西溪叢話》中以波斯大秦祆教混為一談，錢謙益亦認大秦、波斯、拜火、祆教等出於一源。杭世駿則認之為回回教，引《天方古史》為證。見道古堂文集卷二十五 此外如錢大昕、王昶以及佛教徒中討論的很多，然皆模糊影響，有或即天主、耶穌之遺等話。直至西儒艾儒略考證，始確定其為基督教。

乙 景教與基督教

景教既然就是基督教，那末景較何時傳入中國？與景教的教義究竟怎樣？應該在這裡略為研究。

（一）景教何時傳入中國？據明朝天啟五年在西安所掘得的《大秦景教流行中國碑》所載是在唐貞觀九年傳入中國的；在唐朝以前，據說基督教已曾有幾次傳進了中國。據《路得改教始末記》說，在第一世紀即主後三十四年，巴比倫殺戮猶太人時，猶太人四散逃逸，正值馬援征伐交阯的當口，那時候便有基督徒來到中國。又據《燕京開教略》所說：主後六十五年尼祿虐殺基督徒，六十九年耶路撒冷被滅，基督徒逃難東來，正值佛教輸入中國的時候，傳說關雲長曾信仰基督教。又據馬拉伯主教之《伽勒底史》說：『天國福音，散徧各處，竟至中國……中國人與埃提阿伯人得信眞理，皆出聖多馬之力。』這是說多馬傳教於東方，與保羅傳教於小亞細亞。同時也有人說多馬傳教於印度，巴多羅買船教於中國（見中國基督教寺大為即時期）

這許多說法，或者不是完全無因的，但是沒有可靠的證據，也就只得付諸傳說之列。此外在M. Labbe Huc的Christiainty in Chuna history etc裡記著一段話說：

『自寺一一年至四一五年，塞琉細亞（Seleucia）大主教阿奇亞（Achaues）做了加爾地亞（Chaldean）正宗基督徒的領袖；自五〇三至五三〇年，西亞（Silas）做聶斯脫里教的主教；自七一四至七二八年，撒利巴薩加（Saliba Zacha）做了聶斯脫里教的主教。所以，如果我們違反從來許多人的意見，承認中國的主教教區，是撒利薩加所設立的，那末，越發可以證實華人皈依基督教，遠在這位聶斯脫里教之之前了。實在的，如果在一個國家中，基督教沒有很大的進步，沒有幾處可以監督的教區，怎會有主教及教區的設立？設立總主教原是管轄已經建立的教會的。假定埃伯耶穌（Ebed Jesus）所說的中國總主教教趨勢阿奇亞在將近四一一年時所設立的，那末，基督教在使徒時代傳入中國的傳說，很可以使我們相信了阿舍馬尼（Assemani）在他的著作中引塞琉細亞的主教名單，把中國教區與印度教區相提並論；所以，我們可以推測這兩處教區是同時設立的。』

從這段話裡似乎可以推測第七世紀以前，已經有過基督教在中國的宣傳了。不過我們現所在可以確實考證的，卻只能從第七世紀的景教起頭。根據明朝所發現的長凡一千七百八十字的景教碑，知道這是立在唐德宗建中二年，為大秦寺僧景淨所撰；碑側共具僧名有六十五人之多，都是敘利亞文字；碑之上端刻著十字架，兩旁有蓮花雲霓；碑高四尺七寸半，廣三尺五寸。自立碑至發現時，相距八百四十年之久，大約是在武宗沒入中土，則在土中有七百八十年，而碑文並未剝蝕，所以有人疑為偽造的，但這已經有人辯明其非。不過當碑文未發現之前，很少有人知道在八百多年前，有過二百十年長時間的景教傳布，因為中國歷史上沒有什麼痕跡。及至碑文發現了，然後引起了許多學者的研究。如：

錢謙益的景教考（有學集卷四十四）

行世駿的景教續考（道古堂集卷二十五）

錢大昕的潛研堂集金石文跋尾（卷七）

王昶金石萃編（卷一〇二）

又有意大利人艾儒略《西學凡》附錄〈大秦寺碑篇〉。

這些都是專門的考證，還有若干旁證，像前此宋姚寬的《西溪叢話》《僧史略》卷下《釋門正統斥偽志》《唐會要》《冊府元龜》《貞元釋教錄》《新舊唐書》之中，可以參證景教的流行，的確是一件事實。近在光緒庚子時又有燉煌石室發現《大秦景教三威蒙度讚》《世尊布施論》等，更像一可靠的證據。

現在我們該說道景教怎樣傳入中國。從基督教的歷史中知道在四三一年的時候有以弗所的第三次會議，聶斯脫里派與亞歷山大派起了衝突。聶派重耶穌為人之道，亞派重耶穌為神之道，亞派領袖西里羅（Cyril）訟聶派於東羅馬帝及教皇，結果便判定聶派為異端，而遭黜逐。聶派便竄於阿拉伯、埃及，後其說為波斯學者所歡迎，遂得由波斯漸布及於印度、中亞細亞、中國等處。阿羅本奉其教志中國，唐太宗異常歡迎，為建大秦寺於京師義寧坊，這就可以知道景教即聶斯脫里派的基督教了。

（二）景教的教義，確與基督教相同，我們從《景教碑》和《三威蒙度讚》中所載的名詞，可以提出許多來比較，李存我所著《景教碑書後》有過一番正確的比較，我們再加上蒙度讚裡所舉的名詞，更可以證明景教教義即是基督教教義，不過在翻譯的字面有些不同罷了。現在且略舉數條於下：

景教碑文	**基督教義**
先先而无後後而妙有	上帝無始無終
三一妙身	三位一體
无元眞主阿羅訶	上帝耶和華
判十字以定四方	十字架
匠成萬物然立初人	上帝創造天地又造人
婆殫施妄	魔鬼撒旦
三一分身	耶穌為上帝化身
景尊彌施訶	基督彌賽亞

皇女誕聖	童貞女馬利亞生耶穌
三帝	信望愛
八境	八福
魔妄悉摧	耶穌曠野勝覽
亭午昇眞	復活昇天
經留廿七部	新約廿七卷
七日一薦	七日禮拜
三威蒙度讚	**基督教義**
慈父阿羅訶	天父耶和華
蒙聖慈光救離魔	上帝是眞光救人脫離罪惡
彌施訶普尊大聖子	彌賽亞聖子耶穌
慈喜羔	上帝的羔羊
聖子端任父右座	耶穌升天坐上帝之右
三身同規一體	三位一體
瑜罕難	約翰

盧伽	路加
明泰	馬太
多惠	大衛
寶路	保羅
摩薩吉思	摩西
賀薩耶	何西阿
伊利亞	以利亞

這些經名或人名大都是譯音的，上面所舉的幾條或者不很正確，但更據《世尊布施論》所載：

『若左手布施，勿令右覺。』與馬太六章三節義同。

『有財物不須放置地上……有盜賊將去，財物皆須同向天堂，必竟不壞不失。』與馬太六章十節義同。

『唯看飛鳥，亦不種不刈，亦無倉嗇可守。』與馬太六章廿六節義同。

『梁柱著自己眼裡，倒向餘人說言汝眼裡有物。』與馬太七章四節義同。

『汝等於父邊索餅，即得，若從索石，恐畏自害，即不得，若索魚亦可，若索魚亦可，若素蛇恐螫汝，為此不與。』與馬太七章九節義同。

這從《世尊布施論》一書中摘出來的幾條，與《新約》對比，已可以證明唐譯經典，與現譯的經典相符。據《諸經目錄》所載，說大秦教經都凡五百三十部，並是貝葉梵音。唐太宗阿羅本奏上本音，後景淨譯得三十部卷，其間頗有為日本人所收藏者，如《宣元至本經》《志玄安樂經》《一神論》《一天論》等，我們現在所取以考證的，僅此而已。

丙　景教與佛教的關係　按景教碑與《三威蒙度讚》中的文字，我們看見許多佛教名詞，如『妙身』、『慈航』、『眞寂』、『僧』、『法王』、『寺』、『功德』、『大施主』、『救度無邊』、『普渡』、『世尊』等類。而且那時的教士，有時稱為『大德』，有時亦稱為『僧』或『僧首』，作景教碑文的景淨，亦具名為『僧』，立碑時主景教的教士，則為僧寧恕，碑側列名的六十五人，都冠一『僧』字，命名又多與佛教僧徒相類。據《貞元釋教錄》所載，知道作《景教碑文》的景淨，也曾與般若三藏共譯過佛教經典，說道：

『大秦寺波斯僧景淨，依胡本六波羅密，譯成七卷。景淨不識梵文，復未明釋教，察其所譯，理昧詞疏。釋氏伽藍，大秦僧寺，居止既別，行法全乖，景淨應傳彌尸訶教，沙門釋子，宏闡佛經，使教法區分，人無濫涉。』（見貞元釋教錄並見中國佛教史卷三所引）

又說：

『般若不閑胡語，復未解唐言，不識梵文，復未明釋教，雖稱傳釋，未獲半球。』（同上）

這可以看出景淨是一個宣傳彌尸訶教的景教徒，是當時景教中的一個著作，《諸經目錄》所說譯出三十部卷，大約當時景教經典都經他翻譯，《景教碑文》之作，也可以信是出其手筆。他不但譯著了許多景教的經文，他更根據胡本翻譯起佛教經典來。他對於佛教經典，也許是不很了解，所以佛教徒便有『察其所譯，理昧詞疏』的批評，也可以見得佛經、景經分明立在對待地位。而且在《景教碑文》中有：『聖歷年釋子用壯，騰口於東周，先天末下士大笑，訕謗於西鎬』的話，（聖歷先天皆武則天年號，用壯何人？不得而知，或說即玄奘）新來的景教，受佛教徒的訕笑，竟會見於碑文之中，正足以見得兩教的不相容。再就朝廷的待遇上看來，對景教徒固然十分優待，然而唐太宗的造大秦寺，譯不過像漢明帝建白馬寺一樣意義；其歡迎阿羅本，譯不過像漢明帝歡迎攝摩騰一樣意義。在宏量歡迎宗教的唐太宗看來，對於景教，並沒有什麼特別，不過在佛教徒看來，不免發生反動。再從景教徒翻譯事業上看，見得他們竭力的摹倣佛教，不獨在名詞上每多採用，即《景教碑》上刻著的蓮花，也可見一斑。同時，在陽瑪諾《唐景教碑頌正詮》，附刻著福建泉州兩隻墓碑即一聖架碑，有唐玄宗六年建字樣，但上端也以十架蓮花並刻的，這也以為景教徒摹倣佛教之證。

丁　景教在中國的傳布情形

我們根據景教碑文，有下列幾個問題的研究：

（一）唐代帝王對於景教的態度。景教在唐朝，字太宗以至於武宗二百十年之間，頗得當時帝王及大臣的贊助；碑文中所舉太宗、高宗、玄宗、肅宗、代宗、得宗等，對於景教皆有相當的敬意；其大臣如房玄齡、高力士、郭子儀等皆奉命招待。據後人的推測，說房、郭皆曾為景教信徒。貞觀九年，『帝命宰相房公玄齡仗西郊賓迎入內』十二年又詔令建寺，《唐會要》記：

『道無常名，聖無常體，隨方設教，密濟群生。波斯僧阿羅本遠將經典，來獻上京，詳其教旨，玄妙無為，生成立要，濟物利人，宣行天下，所司即於義寧坊建寺一所，僧廿一人。』見王溥唐會要卷四十九

這碑文大同而小異，可見太宗迎阿羅本是確有其事的。後來並起把皇帝肖像，話在景寺的牆壁上。碑云：『旋命有司，將帝寫眞，轉模寺壁。』高宗亦有同樣的尊崇，《碑》云：『高宗大帝，克恭纘祖，潤色眞宗，而於諸州各置景寺，仍崇阿羅本為鎮國大法王。』玄宗命寧國五王親到景寺中設立壇場，並且把五代祖宗遺像陳列寺中。碑云：『玄宗至道皇帝，令寧國等五王，親臨福宇，建立壇場……天寶初，令大將軍高力士，送五聖寫眞，寺內安置。』又有『天題寺牓，額戴龍書』的話。肅宗又重建景教寺宇，碑云：『代宗、肅宗文明皇帝，於靈武等五郡，重立景寺。』代宗於耶穌聖誕時送香賜饌，以表他的慶祝。碑云：『代宗、文武皇帝……每於降誕之辰，錫天香以告成功，頒御饌以先景眾。』德宗亦極推崇景教，而且立碑記盛，證在他的時候。碑云：『我建中聖神文武皇帝，披八政以黜陟幽明，闡九疇以唯心景命，化通玄理，祝無愧心。』德宗以後雖不能知，但看武宗毀廢佛寺的詔中，也可以想見其興盛與佛教相伯仲。

（二）景教傳教的方法。這一點我們在景教碑裡，找不出多少材料；不過當時有很多西來的教士，是可以在碑文裡看出的。阿羅本同時，則有『度僧廿一人』之說，此後有『僧首羅含，大德及烈』，以及玄宗詔僧羅含僧普論等一七人，與大德佳和。碑之兩側又列名僧徒六十五人，可見當時西來教士頗多了。再看碑中所云：『法流十道，國富元休，寺滿百城，家殷景福』的化，又可見當時傳布的廣了。但欲考查其傳教的方法，我們可以看出兩種：一為翻譯經典，一為醫治疾病。當唐太宗賓迎阿羅本時，即令『翻譯書殿』，後來如撰碑的景淨，亦努力於翻譯工作，有譯得三十部卷的話。近日本羽田亨以所得於燉煌石室的《序聽迷詩所經》一百七十條譯出，李盛鐸氏亦覓得《志元安樂經》《宣元至本經》二種；但就《迷詩所經》觀之，怪字甚多，句法不整，宇《三威蒙度讚》不很相同；是不是這三十部卷中的東西？卻不能斷定。《唐書》記睿宗之子玄宗之弟讓皇帝憲有病，經景僧崇一他為醫治，舊唐書云：

『開元二十八年冬，憲寢疾，上令中使送醫及珍膳，相望於路；僧崇一療憲稍瘳，上大悅，特賜緋袍魚袋以賞異崇一。』見舊唐書卷九十五讓皇帝憲傳

崇一這個名字，是含著『崇奉一神』的意思，可知不是佛僧而是景僧；而且上所賜的緋袍魚袋，又不是佛僧穿帶的東西。《杜環經行記》有『大秦善醫眼及痢，或未病先見，或開腦出蟲。』可見當時傳教士中，有精通醫術的人，藉醫以傳教，是歷來常有的事。

（三）景教的滅亡。唐代景教，亡於武宗會昌五年，他毀滅天下佛寺，勒僧尼還俗，波及到景教，在唐書食貨志云：

『武宗即位，廢浮屠法，天下毀寺四千六百，招提蘭若四萬，籍僧尼為民二十六萬五千人，奴婢十五萬人，田數千萬頃。（註：觀賜額為寺，私造者為招提蘭若，招提梵語，漢譯為四方僧物，蘭若亦梵語，漢譯為閒靜之處）大秦穆護祆二千餘人。』（註：穆護祆即信基督教者之意）

唐會要亦有關於這一見公案的記載：

『其天下所拆寺四千六百餘所，還俗僧尼二十六萬餘人，收充兩稅戶；拆招提蘭若四萬餘所，收膏腴上田四千萬頃，收奴婢為兩稅戶十五萬人，隸僧尼屬主客，明顯外國之教，勒大秦穆護祆三千餘人還俗。』卷四十九

上兩條大略相同，惟當時宰相李德裕慶賀武宗《毀佛寺德音表》中，數目卻有些不同了：

『拆寺蘭若共四萬六千六百餘所，還俗僧尼并奴婢為兩稅戶共約四十一萬餘人，得良田數千頃，其僧尼令屬主客戶。大秦穆護祆二十餘人，並令還俗者。』見李衛公文集卷二十

這裡說穆護祆二十餘人，或者是二千餘人之誤，數目雖小有不同，而其事的必有，是可信的。但是武宗為什麼有這樣摧殘宗教的舉動呢？大部分的原因，是經濟上的問題：他以為僧尼、穆護都是些分利坐食的人，應該加以取締。所以他在毀佛的詔諭中說：

『……僧徒日廣，佛寺日崇，勞人力於土木之功，奪人以利為金寶之飾……今天下僧尼不可勝數，皆待農而食，待蠶而衣……』唐書八十卷上宋武紀

李德裕《德音表》中也這樣說：

『……遂使土木興妖，山林增構，一巖之秀，必即雕鐫，一川之腴，已布高剎。耗蠹生靈，侵滅征稅……。』李衛公文集卷二十

這可見他們廢毀佛寺，純從經濟方面著想。且又聽道士趙歸眞之勸，但留若干寺宇於都市。

《資治通鑑》載：

『會昌五年，秋七月，上惡僧民蠹天下，欲去之；道士趙歸眞復勸之。乃先毀山野招提蘭若，至是敕上都東都兩皆個留二寺，每寺留僧三十人，天下節度觀察使治所，及同華裔汝洲各留一寺，分為三等：上等留僧二十人，中等五人，餘僧及尼井大秦穆護祆僧，皆勒還俗，寺非應留者，立期令所在毀撤，仍遣御史分道督之。財貨田產並沒官，寺材以葺公廨驛舍，銅像鐘磬以鑄錢。』見資治通鑑卷二百四十八

這裡有一句話，很足以使人費解的，就是『道是趙歸眞等復勸之』，究竟趙歸眞是勸武宗毀佛教呢？還是勸武宗留都城佛寺呢？我想從這個『復』字上看，是接連著上文的『欲去之』的欲而來，所以可以斷定他是主張滅佛的。再看這一樁大案件中，別的宗教都牽連著，獨不及於道教；其實當時的道教，其興盛並不亞於佛教，佛教既然是耗蠹天下，難道不是耗蠹天下嗎？

那末，可以知道趙歸眞決不是為佛教請求『刀下留人』，更可以知道武宗毀佛的理由，其重要的意義，還不是在經濟方面。我們再看他的詔諭中所說：

『是逢季時，傳此異俗。……而豈可以區區西方之教與我抗衡哉？』見舊唐書武宗本紀卷十八上

一則曰『異俗』再則曰『西方之教』便可以了然於武宗此舉是出於發於排外的思想。佛教是印度來的，景教是大秦來的，其餘波及的宗教都是外國教，所以他毀滅一切宗教而獨不及道教。

景教至此，乃告一段落，而景教徒卻未嘗絕跡於中國，或者有一部分人退入蒙古境。艾儒略西學凡有『祆教至宋之末年，尚由賈舶至廣州』的話，想見自唐以後，外人之來中國傳教者，仍未嘗間斷，景教亦當然不在例外。

第三節　回教的輸入與傳布

甲　回教的創始與入華

回教的名稱不一，以地域言稱為天方教（天方即今之阿剌伯，以為在地之中央）以教義言稱為清眞教；（《天方典禮》解釋清眞二字，乃為獨一眞宰之意）以譯音言稱為伊斯蘭 Islam 或阿悉爛、伊悉爛、阿薩爾……等等，即服從之義；以種族言稱為回回教；（中國向稱喀爾葛什為回回族或由回紇回鶻等音轉變而來，此在《日知錄》卷二十九《道古堂集》卷二十五皆這樣說，而錢大昕《二十二使考異》則否認之）但在《元史》中往往稱之

為「畏吾兒」「畏兀兒」及其他有稱為「外五」「偉兀」……等類，又稱其教徒為「答失蠻」與「和尚」「先生」「也里可溫」等並列。或者異音其教組之名，而稱摩罕默德教。

摩罕默德（Mohammed）是回教創始的人，但在中國歷史中的譯名，亦至不一：有譯為「暮門」的，（見《通典》引《杜環經行記》）有譯為「摩訶末」的，（見唐賈耽《四夷志》）有譯為「麻霞勿」的，（見宋嶺外答問）有譯為「馬合麻」的，（見元史）在明末清初則譯為「謨罕驀德」，近則有譯為「穆罕默德」或「穆哈麥德」簡稱之也有叫做「穆德」其名稱歷來的歧異如此。

摩罕默德生於阿剌伯的墨加（Meccaa）城，約在西元五〇七年左右，（其生年亦至不易考定，有謂其生於五七一年，此為最近）即當中國陳宣帝的時候。其父名亞白特阿拉（Abdallah）當摩罕默德生的那一年就死了；六歲，他的母親也死了，這個無靠的孤兒，寄養在祖父與叔父的加里；及長，跟他叔父為商隊。（阿剌伯人長於經商，其時往來歐亞之間，執世界商業之牛耳）後來為一富有資產的婦人哈第加（Khadija）雇用為隊商，第二年便與哈第加結了婚，他比她的年紀要小到十四歲，但卻是她幸福的起頭。因為她有了富裕的生活，便可以用他的思想研究到宗教的問題，從猶太教與基督教的研究上創造出一種新宗教，要改革阿剌伯民眾的偶像崇拜而變為一神崇拜。一時雖不免為墨加人所反對，甚至於逃亡。不久便得到阿剌伯諸種族的歸服，而成立了這種新宗教。這新宗教在阿剌伯民族中，不能不說一種宗教的改革，如同佛教為婆羅門的改革，耶穌教為猶太教的改革一樣。他活到六十三歲便死了，但繼續傳他的宗教的，有他的外甥教亞莉，守著遺訓，擴大範圍，成為有力的一派叫希亞派，傳到巴比倫，又傳到波斯，成為波斯的國教。同時又產生了其他派別，在教義上便有不同的意見，其派別之多，與基督教不相上下。（參看《新文化辭書》六二八－二九頁）大別之，有最顯著的四派：一為亞布哈尼法派，二為沙飛爾派，三為痲利克派，四為亞哈默德派。傳入中國的就是第一派，也叫做竄哈比黨是主張嚴格的保守主義的。第二派是主張改革的，要採用基督教的精神，來改良教義上的缺點。於是這兩派便立在極右與極左的地位，其餘派別，都不過是袒左袒右的一種而已。見天方談判

回教何時傳入中國？大都承認是在隋朝開皇的時候。杭世駿說：

『今考其教之入中國者，自隋朝開皇中，國人撒哈八撒阿的幹思葛始。故明初回回曆，其法亦起自開皇。』見道古堂文集二十五

回教中人也是這樣承認：

『文帝慕其風，遣使至大西天，求其經典，開皇七年，聖命其臣塞爾帝斡歌士等，賫奉天經三十冊，傳入中國，由南海達廣東省，首建懷聖寺，遂偏於天下。』見丁藥園天方聖教序

在廣州有斡歌士墓，大約即杭氏所說之幹思葛回教人認為是中國回教的開創者，其墓碑記貞觀三年所建。

但也有人說中國回教開山祖師教蘇哈巴，這個人原來是摩罕默德的舅，即竄哈比黨的領袖；在六二二年到中國的廣東，正當唐高祖的時候。後來又有別派在七四二年從西北方面傳入，設立禮拜寺於西安，在西安有天寶元年戶部員外郎兼侍御史王鉷所撰的回教碑，全唐文中又有王鉷《捨宅為觀表》，此觀或即為回教寺，可以證明當時回教之傳入中國有水陸兩路，水路即由南海至廣東，陸路即由甘肅至西安。（見陳垣回回教入中國史略 東方雜誌二十五卷一號）

但是回教書籍中有所謂《西來宗譜》，說回教入華，是在唐貞觀二年。《舊唐書》記大食始來朝貢。是在永徽二年；似乎在永徽以前，中國與大食沒有什麼往來。前面所說的開皇時遣使求經，貞觀實建碑立寺，全成疑案了。最近陳垣從回曆推算證名歷來推算的錯誤，他斷定永徽二年，即為回教傳入之始，修正舊說，頗可信從。（同上）

乙　回教的教義　要說到回教教義，自然不能不說到回教的經典；回教經典名《可蘭》（Korana）原來叫做《甫爾加尼》，就是回教人所稱的《天經》。他們經裡的話，是教祖摩罕默德從天神傳授而記錄下來的，〈天方典禮原教篇〉說：

『摩罕默德乃天方帝室之冑，生而神靈，以大德王天下，受命行教，紹爾撒六百既絕之道統，命曰哈聽，眞宰授經六千六百六十六章，名曰甫爾加尼。』

這是說《甫爾加尼》這本經室天授的，摩罕默德自己說是在希拉山上所得的天啟，正與猶太教信《舊約五經》由摩西在西乃山得上帝的啟示一樣，但是又有摩罕默德受命刪經的話：

『刪經自阿丹至爾撒，凡得一百十四部，如討喇特、則甫爾、引支勒，皆經支最大者。自摩罕默德出，眞宰悉命刪去，乃授之以甫爾加尼經，將前古經義，盡皆包括其中。』同上

從上段引證裡，一則曰眞宰授經六千六百六十六章，再則曰眞宰悉命刪去，似乎在摩罕默德以前，已經有一百十四部的經典，摩罕默德把他刪去了許多。像這裡所提起的名稱——《討喇特》《則甫爾》《引支勒》——《討喇特》就是《摩西五經》，《則甫爾》就是《大衛詩篇》，《引支勒》就是《新約》，可知這本《甫爾加尼》，適從猶太教的《舊約》與基督教的《新約》中節錄出來，另外又加上一番話。所以他的教義，與猶太教、基督教有許多相同的地方。再看他們所說的道統，正與猶太教所說的一樣，〈天方典禮原教篇〉說：

『惟我天方，得眾聖薪傳，道統不絕。』

究竟他的道統是怎樣傳下來的呢？看他的注解說：

『道統相傳自阿丹而始，阿丹受眞宰明命，傳與施師，師傳與努海，海傳與易卜拉欣，欣傳與易司馬儀，儀傳與母撒撒，撒傳與達五德，德傳與爾撒，爾撒去世，不得其傳……六百年而後，摩罕默德奉命驅除邪說，彰明聖教。』見癸巳類稿卷時三所引

這一段所說的道統，可以同基督教《舊約》所載的互相比較：

回教名稱	基督教名稱	英文
阿丹	亞當	Adam
施師	亞設	Asher
努海	挪亞	Noah
易卜拉欣	亞伯拉罕	Abraha
易司馬儀	以實馬力	Ishmael
母撒	摩西	Moses
達五德	大衛	David
爾撒	耶穌	Jesus

由此可見他的教義，完全以猶太教與基督教為背景，這裡所敘述的道統，又與舊約中記載毫無兩樣。所以回教所崇拜的神阿拉（Aallah）即猶太教所崇拜的耶和華（Jehovah）其認阿拉神惟獨一無二的眞宰，也與猶太教相同。在《可蘭經》一百十二篇說：

『他是唯一的神，永刼的神，他是不產生的神，也是不能產生的神，可以比他的，沒有一個。』

他們承認阿拉之外無別神，也是承認阿拉是造物的主宰。《天方典禮》曾說：『維皇眞宰，獨一無相生天生地，生人生物』天地萬物即人類，皆由阿拉神所創造所管理，所以人類需絕對服從他，與猶太教對服從耶和華一樣。教祖摩罕默德不過是眞主的欽差，並不是神，這卻與基督教認耶穌為神不同，他們以為摩西、耶穌，都不過是古代的先知。故他們的五章信條是：

第一我證章，其言曰：『我證一切非主，惟有眞主，止一無二；我證摩罕默德是主差使。』

第二清眞章，其言曰：『一切非主，惟有眞主，摩罕默德事主差使。』

第三總信章，其言曰：『我信主本然，以其妙用尊名，我承主一切法則。』

第四分信章，其言曰：『我信眞主，信一切天神，信一切經書，信一切聖人，信後世，信善惡有定自主，信死後復生。』

第五大讚章，其言曰：『清哉眞主，世讚歸主，萬物非主，惟有眞宰，眞主至大，無時無力，惟以尊王。』見天方典禮諦言篇

綜此五章意義，則知他們所信仰的對象：

(一) 眞宰—唯一的神

(二) 教主—摩罕默德

(三) 先知—摩西耶穌及一切古聖人

(四) 天使—與先知相同

（五）　經典—眞主啟示的可蘭經

（六）　教規—教主及古聖所定的一切法則

（七）　來生—審判善惡—復生

這些都與猶太教的信仰大旨相同。他們在道德方面，主張濟困扶危，忍受苦難；在《可蘭經》第二篇即說：

『代阿拉施濟孤兒、饑夫、客旅、乞人；或籌款以贖俘虜。』

『時常祈禱，言則必行；忍受顛沛、苦難、暴虐；如此始得稱義，而為虔誠敬畏神人。』

也禁止一切姦淫、殺戮、盜竊、貪財、虐待、賭博……等等一切行為。並嚴禁喫食生物之血、豬肉及酒等物。惟多妻及畜奴與為神——公理——的聖戰，不加禁止。所以歸納起他們信徒所當守的規則，不外信仰、祈禱、布施、禁食與朝聖等幾種。分說起來，有五種修道的功德：

（一）念眞功。什麼叫念眞？好像是佛教的念佛，基督教的默想，就是要常常念眞主，分口念與心念的兩種：口念即口誦祝禱之辭，心念即思想眞主的道理和先知聖人教主等地聖德等等。

（二）禮眞功。什麼叫禮眞？就是禮拜眞主，他們規定每天要有五次禮拜，在寅午申酉亥時舉行，這是私人的禮拜。還有公眾的禮拜，七天舉行一次，稱為七日一聚。每年要開大會兩次，彷彿是擴大的禮拜，他們在舉行這種公眾禮拜之先，必須要先齋戒沐浴；當禮拜的時候，儀式非常的嚴肅，有頌讚、叩拜、誦經……等規矩，面皆向西。其重視禮拜，認為信徒修養的第一步工夫，所以說：『禮拜乃滌罪之泉，行教之方，近主之階。』

（三）齋戒功。什麼叫齋戒？對於飲食方面，有許多禁忌：不喫豬肉，為普通的定律，即一切牛、鴨等生物，非經『阿衡』——教師——念經，亦認為不潔，不許取食。一年中有一月為齋期，大概在第九個月——他們認這一個月是教祖受天啟的拉馬騰（Ramadin）月——在這個月裡，信徒都要斷食，從每天日出到日沒，不能喫什麼東西；惟旅客、病人、小兒、老人及乳兒的母親，可以例外，旅客病人還得要補守這禮節。斷食之外，還有另行的禁忌，如夫婦不能同房，官廳商民停止業務等等，否則謂之破齋；破齋之人在教規上有相當處罰。

（四）課賦功。什麼叫課賦？凡信徒皆負有捐輸的義務，視其經濟的力量，照所得的多少，抽取十分之一或十分之二，為供奉的捐輸；除去不成年的童子與失業者以外，皆須課賦。而且對於家資滿貫或滿千的，抽取更多，作為施濟貧乏之用。他們以為祈禱不過是到神前的一半路程，斷食不過是到了神宮的的門前，惟有實行施濟方能進入天國，其重視施濟，故以課賦為信徒唯一的功德。

（五）朝覲功。什麼叫朝覲？須至墨加朝覲一次，其禮節極繁，約歷九日始畢。先期需有虔誠的齋戒，至期又有繁重的禮節，或講解戒條，收人受戒。其戒條有十二條，助益於身體的克制，如佛教的戒律所注重的差不多。

以上略述回教的經典、信條、制度……等，語焉不詳；總括起來我們可以介紹《回教評論》（Islamic Review）『何謂回教』（What is Islam？）一文中的幾句話，來做結束：

『回教所含要素凡三：（一）和平，（二）達到和平之路，（三）順從天意。……教中精義，如對於婦女，則謂男女有相同之靈魂，同一之能力，並須服同一之義務，無所謂歧視也。對於人群，一視同仁，博愛為懷，人類平等，天人合一，無所謂人種之謬見也。對於勞工，則謂食勞力而為生活者，其生活乃彌覺有價值，無賤視之心理也。回教又重信仰，而信仰須使化為行為；知而行之，與天意合，則回教極崇高之道德也。』見東方雜誌二十卷二號全回教運動之將來

丙　回教在中國的影響

在千三百前，回教在世界文化上，確有過相當的影響與貢獻。從歷史的觀察，阿剌伯民族文化，於當時受回教力量的鼓蕩，而發生良好的效能。最顯著的，在宗教方面則統一旁門左道等紛雜的信仰於澈底的一神崇拜，在社會方面則使婦女地位的提高，民眾團結的鞏固，與夫智識道德的發皇。在學術方面則化學、醫藥學、天文曆算學、物理學以及交通商業上等種種發展，實為當時歐亞兩洲間的明星。其文教的西被東歐，東及中國，確為不可抹煞的事實。質言之，回教不僅是一種教條，乃是一種社會的制度，為具有優越性的哲學

與藝術之文明，使阿剌伯民族得佔世界文明中的優越地位，是顯而易見的。

我們讀中國與世界交通史，在唐宋的時候，執歐亞間商業上的牛耳者，莫如大食；其輸入西方的文明與物品，實已不少。其在世界列國中的地位，正與今日的歐美一樣。他們東來的商人，很得我國政府的優遇，於是由經商而居留於中國的，為數日多。歐洲的文物與其文明，亦藉以輸入；最著的，莫如醫藥與日曆。當時有李玹、李珣鬻香藥為業，在李時珍《本草綱目》曾引李珣《海藥本草》，黃休復《茅亭客話》謂其「暮年以爐鼎之費，家無餘財，惟道書藥囊而已」陳援菴言「珣並知醫，與元末回回詩人丁鶴年之兼擅醫術同」（並見回回教入中國史略）而醫藥的記載最多者，莫如元代。《元史》記：

『廣惠司掌修製御用回回藥物及和劑，以療諸宿衛士及在孤寒者。至元七年，始置提舉二員，大部上都回回藥物院二，掌回回藥事。』見元史百官志太醫院

『至元十年，改回回愛薛所立京師醫藥院名廣惠司。』見元史愛薛傳

錢大昕補〈元史藝文志〉，有薩德彌實瑞《竹堂經驗方》十五卷，可見回回教輸入的醫藥，為歷來所重視。至於日曆，影響更大：

『回回司天監，掌觀眾衍曆，世祖在潛邸時，有旨徵回回為星學者，札馬剌丁等，以其藝進，未有官署；至元八年，始置回回司天臺，皇慶源年，改為監。』見元史百官志司天監

這裡所說的札馬剌丁，是一個天文學家，〈元史天文志曆志〉中作札馬魯丁，言其曾造西域儀象，並撰萬年曆以進世祖。中國在曆數上，頗得西來曆數的糾正，回回曆尤有關係。〈明史紀事本末〉記：『洪武元年十月，徵元回回司天監黑的兒阿都剌，司天監丞迭里月實一十四人，修定曆數。三年改司天監為欽天監，分四科：曰天文，曰漏刻，曰大統曆，曰回回曆。十五年命大學士吳伯宗等譯回回曆經緯度天文諸書。』（見卷七十三）又明史云：『回回曆法，洪武初得其書於元都，太祖謂西域推測天象最精，其五星緯度，又中國所無。命翰林李翀、吳伯宗同回回大師馬沙亦黑等譯其書，與大統參用。』據上面引證，雖多見於《元史》《明史》，而杭世駿《道古堂文集》云：『今考其教之入中國者，自隋開皇中，國人撒哈巴撒阿的幹思葛始，故明初回回曆，其法亦起自開皇。』（卷二十五）這雖屬於推測之辭，而回回曆之在中國，當與回教同時輸入，不謂無理。

回教不是摩尼教，也不是景教，現在我們已經不用去討論，不過回教在當時，與景教、摩尼教等同傳中國，頗引起社會的注意，而且當時回回人的散居中國，日見其多，以科學而做中國官的，亦自不少。《全唐文》記：

『大中初年，大梁連帥范陽公得大食人李彥昇，薦於闕下，天子詔春司考其才，二年，以進士第名顯，然常所賓貢者不得擬。或曰：梁大都也，帥碩賢也，受命於華君，仰綠於華民，其薦人也，則求於夷，豈華不足稱也？夷人獨可用也耶？吾終有惑於帥也。

曰：帥員薦才而不私其人也。苟以地言之，則有華夷也；以教言，亦有華夷乎？……』（見卷七百六十七陳黯文）

原來當時中國與大食交通頻繁，貢使往來，由永徽二年至貞元十四年間，計百四十八年間，見於記載的有三十七次，其尚有遺漏未計的。（見陳垣唐時大食交聘表）因此經商服賈留寓中國，據《通鑑》：『天寶以來，胡客留長安者四千人。』可想見其人數之多，李彥昇不過其中的一人，我們看見當時欲泯絕華夷的界限，從宗教的立場一視同仁，所以在唐朝所傳入的外國宗教，如摩尼教、波斯、大秦等教皆能在中土流行。後來從五代而宋而元，回教人與中國人互通婚姻，互相往還，不一而足；尤其是在元朝，僧道儒也里可溫、答失蠻平等看待屢見於文告之中，回回人之著錄元史氏族表的，標明為回回或答失蠻的四十四人及補十五人，尚有其他稱塔木居伊吾盧及康里氏之回回，哈剌乞臺氏之回回，哈剌魯氏之回回等等。在此種人名中見有貴族、文學家、弓矢砲手、畫家、醫家等，以及著名著作家如瞻思、丁鶴年，散處中國；其文字、天算、武術、醫方、工匠、商業流行於中國朝野，正不獨答失蠻的宗教而已。此種人大都歸化華人，讀書應舉，從李彥昇以進士及第後，歷代皆有，在〈元史氏族表〉中有不少燈中國科第，或以儒學教授，或任達官；僅以元統癸酉進士題名錄計，一科中回回十八人。後來明朝詔譯回回天文書，主其事者，回回大師馬沙亦黑等，永樂時的三寶太監鄭和，其父馬哈只亦回教人，可見回回人的歸服中國與中國社會民族同化，回教思想乃得影響於中國內地。陳援菴先生曾舉回教繁盛的原因有四點：

（一）商賈之遠征
（二）兵力之所屆
（三）本族之繁衍
（四）客族之同化（見回回教傳入中國史略）

這的確是回教所具的特別潛力，而在中國，更有一發皇的原因，就是對於儒家思想的容納與尊崇。他們與中國宗教不同的地方，祇有不供佛像，不拜祖先；對於中國人所尊的天，並不反對；以為天就是阿拉神，所以很能與儒家尊天思想相調和。尤其特別是尊敬孔聖人，讀儒書應科舉，以孔子的倫理道德為最高道德，像他們有一首詩，評論三教：

『僧言佛子在西空，道說蓬萊住海東，唯有孔門眞實事，眼前無日不春風。』見七修類稾

他們對於儒家的尊崇，可見一斑。在他們所發揮的學理中，尤以宋儒的思想為根據，討論理氣二元的宇宙論，完全與宋代理學家的口氣相合，與朱熹的意見尤多相同；清雍正時劉智所著的天方典禮這本書，皆帶宋儒色彩。《四庫書目提要》稱《有天方典禮擇要解》為回回裔劉智字介濂所撰，『嘗搜取彼國經典七十種，譯為天方禮經，後以卷帙浩繁，復撮其要』，末言『智頗習儒書，乃雜授經義，以文其說：其文亦頗雅瞻。』把儒回思想治為一鑪，這本書是最足以代表的。所以儒回之間，絕不發生什麼衝突，很能博得歷來儒家的好評。政府也不加以禁止，

像歷來三武一宗的破壞佛教，傅奕、韓愈等反對佛道，沈榷、楊光先等排斥耶教，從沒有及到回教，大概因為回教人衹知保守宗教範圍，在思想上既與儒家調和，在政治上又無何種干涉，所以能夠保持長時間的相安。不過到了清朝，卻發生過幾次回亂，實在原因，由於清政府的幾番壓迫，前後五次的叛變，乃是不得已的舉動，並不是他們的本意。所以從大體上看，回教在中國千餘年的經過，總算是十分融洽的。

從歷史的觀察，果然不能否定他的地位與價值，但在現時，卻又不能不承認他的不振。在漢美林（Cyrus Hamlin）所著〈土耳其知回教五百年史〉一文中，有幾句老實的話：見東方雜誌二十卷第二號全回運動之將來文中所引

『現在知土耳其，惟有普遍之貧乏，人民則襤褸不堪，商業則委靡不振；質言之責絕無文化可言也。』

把這幾句話同第八世紀的情形比較，的確不能否認回教文化的退落。他們很覺悟到五百年來的回教，只留著一個軀殼，把精神失掉了；因此，便有回教復興的運動，這種運動果然能彀實現，不但可以恢復過去在宗教上文化上的榮耀，在世界宗教中更可與基督教相匹敵；佔二萬三千人數的大團體，見同上確是不可以輕視的。

第四節　儒佛道的相互關係

甲　對天的討論　在宗教空氣極濃厚的唐朝，忽然發生一回極有趣味的對天討論。這回討論的發起人，要算是韓愈；他在柳宗元天說中有過一段問話，表示他對於天的懷疑，就是說：

『今夫人有疾痛倦辱飢寒甚者，因仰而呼天曰：殘民者昌，佑民者殃；又仰而呼天曰：何為使至極戾也？若此舉不能知天。夫果蓏飲食既壞，蟲生之；人之血氣敗逆壅底為癰瘍疣贅瘻痔，亦蟲生之；木朽而蝎出，草腐而螢飛，是豈以不壞而後出耶？物壞蟲由之生，元氣陰陽之壞人，人由生之；蟲之生而物愈壞，食齧之，攻穴之，蟲之禍物也滋甚；其有能去之者，有功於物者也；繁而息之者，物之讎也。人之壞元氣陰陽者亦滋甚，墾原田，伐山林，鑿泉以井飲，窾墓以送死，而又穴為堰溲，築圍牆垣城郭臺榭觀遊，疏為川瀆溝洫陂池，燧木以燔，革金以鎔，陶甄琢磨，悴然使天地萬物不得其情，倖衝衝，攻殘敗撓，而未嘗息，其為禍元氣陰陽也，不甚於蟲之所為乎？吾意有能殘斯人，使日薄歲削，禍元氣陰陽者滋少，是則有功於天地者也，繁而息之者，天地之讎也。今夫人舉不能知天，故為是呼且怨也，吾意天聞其呼且怨，則有功者受賞必大矣，其禍焉者，受罰亦大矣。』（見柳先生集卷十六）

有他那一番懷疑的話，便有柳宗元的答案：

『彼上而玄者世謂之天，下而黃者世謂之地，渾然而中處者世謂之元氣，寒而暑者世謂之陰陽……天地大果蓏也，元氣大癰痔也，陰陽大草木也，其烏能賞功而罰禍乎？功者自功，或者自禍，欲望其賞罰者大謬矣，呼而怨，欲望其哀且仁者，愈大謬矣。』（同上）

這種斬釘截鐵的唯物斷論，與荀子的〈天論〉、王充的〈天行〉、老莊的自然實在有相同的見解。所以說：

『莊周言天曰自然，吾取之。』（同上）

這樣，他的思想好像根源於道家。其實不然；我們看他的〈天對〉，把屈原所懷疑的問題，一一加以解答；而他所解答的總意，還是一種唯物論，可以看作〈天說〉的注疏。其與道家思想根本不同的所在，就是他是純從唯物觀念來斷定宇宙本體，而道家卻還認自然是一個不可思議。

從他那種唯物論的獨斷發表以後，便引出第三者的心物平行論，就是劉禹錫的三篇〈天論〉，用『天人交相勝』的道理來辯正他的純唯物思想。在〈天論〉中說：

『大凡入形器者，皆有能有不能：天有形之大者也，人動物之尤者也，天之能人固不能也，人之能天亦有所不能也；故余曰：天與人交有勝。』見劉夢得集卷十二

他又用比喻來說明『天與人交相勝』的意義：

『若知旅乎？夫旅者，群適乎莽蒼，求休乎茂木，飲乎泉水，必強有力者先焉；否則雖聖且賢，莫能競焉，斯非天勝乎？群次乎邑郛，求蔭乎華榱，飽乎餼牢，必聖且賢者先焉；否則強有力者莫能競焉；斯非人聖乎？苟道乎虞芮，雖莽蒼油郛邑然；苟由乎匡宋，雖郛邑猶莽蒼然；是一日之途，天與人交相勝矣。』

『若知操舟乎？夫舟行於濰淄伊洛者，疾徐存乎人，次舍存乎人，風之怒號不能鼓為濤也，流之泝洄不能峭為魁也，適有迅而安亦人也，適有覆而膠亦人也，舟中之人未嘗有言天者，何哉？理明故也。彼行乎江河淮海者，及徐不可得而知也，次舍不可得而必也，鳴條之風，可以沃日，車蓋之雲，可以見怪，恬然濟亦天也，黯然沈亦天也，阽危而僅存亦天也，舟中之人未嘗有言人者，何哉？理昧故也。』同上

理所能明的事，責之於人；理所不能明的事，乃歸於天。這樣，他所說的天能勝人，人能勝天，卻是在人的智識上分別；人的智識發達，便能藉人力以勝天。下文他又說到『天數』兩個字，以為人生所遭遇的幸不幸，本不是天數，乃是依照人的智識而定；智識高的人，能見理之微，可免不幸。他嘗說：

『以見而視，得形之粗者也；以智而視，得形之微者也。』同上

這樣，他所說的天，也是一種自然，並不能禍福人；人的禍福，都是由於自召；所以他的理論，與柳宗元的意見原沒有多少分別。他雖不滿意於柳說，以為『子厚作天說，蓋有激而云，非所以盡天人之故。』但是柳宗元卻說：

『發書得天論三篇，以僕所為天說為未究……及詳讀，求其所以異吾說，卒不可得。凡子之論，乃吾天說傳疏耳，無異道焉。』見柳先生集卷卅一答劉禹錫天論書

果然，細玩韓柳劉三人的立論點，雖說各不同，其根本的意義，卻沒有什麼兩樣，都是對於古代所信仰的天，從超神的而變為泛神的，從唯心的而變為唯物的，都可以說是近於懷疑論者，也是中國宗教思想中的一重公案。

乙　闢佛的言論與反駁　反佛的言論本不自唐朝始。漢末牟子的《理惑論》是為佛教辯護，想當時必有一種反佛的言論的緣故。六朝范縝的〈神滅論〉更是一種很厲害的反佛論。到得唐

朝，倡反佛論的，先有傅弈、後有韓愈，此後則宋之歐陽修以及程子、張子、朱子等理學家，皆有反佛的論調。試略言之：

傅奕嘗著《高識傳》詳列古今排斥佛教諸人，其書今不得見；惟其所上封事，痛斥佛教之害者凡十一條，可得而考。李仲卿乃著《十異九迷論》，劉進喜乃著顯正論以輔翼傅說，排斥佛教。便引起了佛教方面的反駁，法琳著《破邪論》，李斯政著《內德篇》。同時綿州明概著《決破》八條，法琳著《辯正論》，竟因此獲譴。這一場筆墨官司，以傅奕為主幹，法琳李師政為應敵，茲且以兩方面的意見，綜合敘述如下。傅奕的意見，約有五端：

（一）佛法乃出西胡，不應奉之中國。

（二）佛說為中國詩書所未有。

（三）佛教廟宇，為淫邪之祀，宜懸為厲禁。

（四）僧徒助惡作亂，足使政虐祚短。

（五）崇事泥偶，實屬迷信。

而李師政的辯駁，則說（一）古來用人取物，不分胡夏，道更無遠近親疏可分。（二）詩書不載之事甚多，不得以詩書不載之事而棄絕之。（三）自漢至唐，世世奉祀，豈得盡以淫祀目之。（四）無佛以前，纂亂叛逆，莫甚於春秋，豈得以一二僧人為非，而歸咎於全體？國祚長短，亦不能歸咎佛教，無佛之時國祚不必盡長，有佛之時國祚不必盡短。（五）佛像等於中國本主，本不過敬神如在，以表其欽仰之意。

傅奕之後，則有韓愈，其著名闢佛的文章，有〈原道〉與〈諫迎佛骨表〉兩篇。邵太史註曰：『傅奕上疏，請除佛法，云降自羲農，至於有漢，皆無佛法，君明臣忠，祚長年久。漢明帝始立胡神，洎於符石，羌胡亂華，主庸臣佞，祚短政虐云云。予謂愈之言，蓋廣奕之言也。』誠然，韓之立論理由，不出傅之範圍，〈原道〉所言：

『古之為民者四，今之為民者六……農之家一，而食粟之家六……奈之何民不窮且盜也。』

是從經濟方面攻擊佛老，與傅奕『無佛則國治』，『未有佛之前，人皆淳和』同一意義。

原道又言：

『必棄而君臣，去而父子，禁而相生相養之道，以求其所謂清淨寂滅者。』

是從儒家倫理方面攻擊佛教。以為君臣父子，為古聖先王倫理教化之源，今悉去之，不啻撲滅古聖先王之教。所以他接著就說到湯禹文武周公孔子，在佛骨表中且更言：

『佛本夷狄之人……口不言先王之法言，身不服先王之法服，不知君臣之義，父子之情。』

這與傅奕所說『佛法本出西湖』『詩書所未言』一樣意義。在原道篇中，我們祇見這兩點，認為是他闢佛的理由；此外都不過是深惡痛絕的感情話，什麼『到其所道』，什麼『人其人廬其居』，都沒有什麼意義的。但在佛骨表中，卻更有幾點：

（一）就是說：『佛者夷狄之一法言耳。』『佛本夷狄之人』，這與傅奕的第一義相同。

是中國人固有的自大思想，以為世界之大，衹有中國是禮義之邦，餘皆不過蠻夷戎狄，即孟子『吾聞用夏變夷者，未聞變於夷者』一樣思想。

（二）他以國祚年壽的長短，來定信佛的罪，自皇帝的年歲一直數到梁武帝，比較出事佛者不但不能得福，反而得禍。這一番話，傅奕也已經說過了，可是韓愈卻因此惹動憲宗的怒氣，幾乎喪了性命，幸虧有人替他求情，結果便貶到潮州去。這條闢佛的理由，原也並不充足，而且矛盾的地方很多。

（三）他以為天子部當信佛，因為將要影響到百姓，他說：

『百姓易惑難曉，苟見陛下如此，將謂眞心事佛，皆云天子大聖，猶一心敬信，百姓何人，豈何惜性命？焚頂燒指，百十為群，解衣散錢，自朝至暮，惟恐後時……傷風敗俗，傳笑四方，非細事也。』

這也是闢佛的一種理由，是防微杜漸的意思，也本於傅奕所謂『妖魅之氣』，淫邪之祀的意義而來。不知這反為佛記說好話，能犧牲自己，解衣散錢，豈不是很好的社會服務嗎？總觀韓愈闢佛的言論，純從效用上觀察，不從思想上立論，所以非常膚淺，宜乎他的好朋友柳宗元也說：『退之所罪者其跡也……是知石而不知韞玉也。』在〈送浩初上人序〉中又說：

『儒者韓退之嘗病予嗜浮圖，予以為凡為其道者不愛官，不爭能，其賢於逐逐然惟印組是務者亦遠矣。』

這幾句話，好像故意說韓愈的好名逐利，在《韓愈別傳》中有與大顛和尚問答的話：

『愈曰：「爾之所謂佛者，口不道先王之法言，安得而不斥之？」大顛曰：「計子嘗誦佛書矣，其疑與先王異者，可道之乎？」愈曰：「吾何暇讀彼之書！」大顛曰：「子未嘗讀彼之書，則安知其不道先王之法言也？且子無乃嘗讀孔子之書而遂疑彼之非乎？抑聞人以為非而遂非之乎？苟自以嘗讀孔子之書而遂疑彼之非，是舜犬也，聞人以為非而遂非之，是妾婦也。」』

韓愈自貶潮州後，與大顛往還甚密，嘗三簡大顛，轉任袁州時，曾布施兩衣，又嘗贊其『能識道理，能外形骸，以理自勝。』當其過洞庭時禱祀黃陵二妃，且出資治其廟；又上賀冊封號，諷憲宗封禪，大顛很率直地責備他，說道：

『予知死生禍福，蓋係於天，彼黃陵豈能福汝耶？主上繼天寶之後，瘡痍未瘳，子乃欲封禪告功以驕動天下，而屬意在乎子之欲歸，子奚忍如是耶？』

這樣懇切的話，非知己朋友不能出諸口，宜韓愈很感激而欽佩他。對佛教的觀念，也因此而改變，故其作送高閑上人序有『浮圖氏一死生，解外膠』的話，為馬彙作行狀，贊其刺臂出血作佛書，可見其對佛教的態度，前後似出兩人。

自唐以後，駁韓愈闢佛之論不一而足，蘇轍謂其『斥佛老與楊墨同科，豈為知道。』最利害的，莫如契嵩和尚的〈非韓論〉，歐陽修、李泰伯皆自嘆不如。王安石、蘇軾、黃庭堅等皆服其才識，劉謐所著〈平心論〉兩卷，下卷純載駁韓之文可謂概括。（上引皆見平心論論卷）

宋代闢佛者首推歐陽修，所做三篇〈本論〉首言佛法為中國患千餘歲。《宋史》本傳言：『愈性愎忤，當時達官，皆薄其為人，而公則喜其擯斥佛老。』但他到了晚年，也改變態度，與韓愈一樣，嘗以居士自稱。跋《韓愈別傳》中說：『余官瑯琊，有以退之別傳相示者，反覆論誦，乃知大顛蓋非常入。余嘗患浮圖之盛而嘉退之之說，及觀大顛之言，乃知子厚不為過也。』

此外如石守道作〈怪說〉，以佛教為汗漫不衍之教，妖誕幻惑之說。胡寅作〈崇正辯〉，李泰伯作潛書，皆力排佛教。理學家中如程張朱……等，多有闢佛言論，他們大概都研究過釋老之學，後來纔返而求諸六經，所以他們的批評，比較來得深切，像程顥說：『釋氏惟知上達而無下學』，程頤說：『昔之惑人也乘其愚暗，今之惑人也因其高明』，張載說：『釋氏誣天地為幻妄』，朱熹說：『釋氏自以為直指人心，見性成佛，而實不識心性。』……這類的話，在他們的語錄中可以找見許多，比傳韓歐陽高明得多。但也有一樣不可為諱的地方，就是他們所討論的理氣心性，大概都是含著一點佛學色彩，所以有人說他們『坐在禪床上罵禪』，這也是不無理由的。

丙　理學與佛教的關係　理學是宋朝特產的哲學徐，說者謂其富含佛教思想，梁啟超說他是『儒表佛裡』知學，換句話說，就是儒佛思想調和的結晶。我們研究到這種調和的背景，它的歷史以鳩是很久了；從漢牟子作《理惑論》起頭，經過好許多學者及和尚的發揮，不但認儒佛一致，且認三較為同源，尚文已經約略說過了。這就是理學產生的遠源；若從近一些的影響研究，不能不提到唐朝的李翱，他所著的《復性書》把《易經》《中庸》老莊和佛義融合起來，當時很有人反對，但他卻自己解釋說：『彼等以事解，我以心通。』他所謂『以心通』者就是把易的寂然感通，中庸的誠明，與老莊的復歸，佛教的寂照調和而已。我們看他所說的大意是：

『性為定靜不動，惟善；情為性之動，有擅有不善。……性雖為情蔽，性亦不失；而無情則性亦不能新生。惟妄情滅息，乃復於性，性復則至誠。。至誠之境，乃能寂然不動，感而遂通。既誠矣，則明；誠明乃不動之動，覩於不覩，聞於無聞，視聽昭昭而見聞不起。』見李文公集卷二

即此數語，已足見其思想的近於佛，當時就有人罵他逃儒入佛了。《復性書》中的理論，好像做了宋代理學家論性的圖案，後來如周敦頤以下的理學家，他們學說的大體，都逃不出這一個範圍。但是李翱的思想何自來？有人說他曾經問道於鵝湖的大義，及與藥山、惟儼等和尚往還，所以他的思想，曾受了佛教的影響。

說到宋朝理學家的開山祖師，自然要推到周敦頤，但是周敦頤的無極太師，動而生陽，靜而生陰，與『寂然不動者誠也，感而遂誦者神也，動而未形有無之間者幾也』等話，可以說是祖述李翱而來的。他的學說中，實在不能否認沒有老佛思想，他所說的無極而太極，正如老子的『無名天地之始，有名萬物之母。』無極是靜，太極是動，動生於靜，即有生於無，無為

無不為的意義。所以在他的《通書》裡說：『靜無而動有』『誠無為』『寂然不動者誠』『無欲故靜』這種寂然而誠的本體論，正與佛家所體認的虛無寂滅的本體一樣。可見他的學說是滿有佛老的素質。所以從到家方面說：道教曾傳《先天圖》於种放，歷穆修而傳於周子，同時又傳於邵雍。黃宗炎《太極圖辨》謂：『周子太極圖，創自河上公，乃方士修鍊之術也。……考河上公本圖名無極圖，魏伯陽得之以著參同契，鍾離權得之以授呂洞賓，洞賓後與陳圖南同隱華山而以授陳，陳刻之華山石壁。陳又得先天圖於麻衣道者，皆以授种放，放以授穆修與僧壽涯……修以無極圖授周子……』說殊鑿鑿可據。而佛家方面，則傳周子嘗從學於潤州鶴林寺壽涯，參禪於黃龍山之慧南，問道於晦堂祖心，謁廬山佛印了元，師東林寺常聰。《郡齋讀書志》說周子《太極圖》得之於壽涯，《弘益紀聞》則說周子、張子均得常聰性理論及無極太極之傳於東林寺。感山《雲臥記談》說：『周子居廬山時，追慕往古白蓮社故事，結青松社，以佛印為主。』那末，他曾與若干和尚相往還，也不是絕對沒有的事。他的思想，曾受佛教的影響，也不能否認的。不過有人說《太極圖》不像是他的作品，陸九淵這樣說，黃宗炎也這樣說。

其次如張載，他是一個反骨最利害的人；他的反佛，確是從研究佛裡而來；《宋元學案》記他初謁范仲淹時，授以《中庸》一編，遂翻然有志於求道，求諸釋老，因無所得，乃反求諸六經。可知他曾經研究過佛典，所以他對於《楞嚴經》的批評，不是門外漢語。他最不滿意於佛教，就是佛教以人生為幻妄，嘗說：

『語其實際，以人生為幻妄，以有為贅疣，以世為蔭濁。』

『妄意天性，不知範圍天用，以六根之微，因緣天地，過不能盡，則誣天地日月為幻妄，蔽其用於一身之小，溺其志於虛妄之大，此語大語小，流遁失中，其過於大也，塵芥六合，其蔽於小也，夢幻人生，謂之窮理可乎？不知窮理，而謂盡性可乎？』見張子正蒙大心篇

這種批評，是根源《楞嚴》的世界觀與人生觀，不可謂非切中佛教之病。但是他自己的學說，卻又與佛理相通，嘗說：

『由太虛有天之名，由氣化有道之名，合虛與氣有性之名，合性與知覺有心之名。』同上太和篇

他以虛與氣為宇宙本體，名之為『天地性』，也叫他做太和。這太和的意義，正與佛教所說：世間諸相雜和成一體者名『和合性』的意義相同。他所主張的『除惡去妄而成無我』以及所謂『虛與氣有相即之關係』，『知虛空即氣，則無有隱顯，神化性命，通一無二』等等的話，在宇宙論修養論方面，無不與佛理相通。他的博大思想，表顯於他所著《西銘訂頑》，雖然有人疑他是墨子的兼愛，但是從我們現在看來，實在與基督教博愛精神，毫無區別。他承認人是天之子，人類皆是兄弟，應當愛人，應當敬天，時在高過了墨子的思想。

傳周敦頤學說的二程，據《學案》說：『大程德性寬宏，規模闊廣，以光風霽月為懷。二程氣質剛方，文理密察，以削壁孤峰為體。』這卻是把二程的德性分別得很清楚。小程伊川為

他哥哥明道作行狀，說他『自十五六時……慨然有求道之志，氾濫於諸家，出入釋老幾十年』，可見明道亦曾學佛。他又與張載往還，當然佛教思想有過研究，所以他也有許多批評佛教的話。他說：『山河大地之說，與我無關緊要，要簡易明白易行。』『云蠢動之含靈，皆有佛性，非是。』『說死生以恐動人，為利心；免死齊煩惱，為自私；以根塵為苦，為自利；徒除外物之患，墮於內外二境之弊。』這些都是他批評佛教最重要的話，大旨與張載差不多，不過他以人倫為立場，與張載以理論為立場有些不同。其實在他《識仁》思想中有，不少與佛理相同的，好像他所說的：

『天地萬物鬼神二無。天人本無二』與華嚴的『心佛仲生三平等』相同。

『物外無道，道外無物。道亦器，器亦道。』與般若『色即是空，空即是色』相同。

『自家是天然自足物，天地萬物皆是自己。』『萬物皆備於我，不獨人爾，物亦然。』與『一即一切，一切即一』的意義相同。

『天地之間，只有一個感應而已，更有甚事？』與華嚴的感應相同。

『道即性也，言性已錯；纔說性時，便已不是性。』『說道時便已不是道』，與大乘起信論說眞如一樣。

此外如所謂方敬直誠仁之順序，彷彿佛教的戒定慧；與善人處，反而壞我，須與不善人處，彷佛菩薩入生死海度眾生的意思。即此可見程頤的學說，曾受佛教影響。上引見宋元學案卷十三

程頤評佛，大旨與程顥相同，不過他曾經贊美佛教的修養工夫，說道：『只見一個不動心，

釋氏平生，只學這個字。』他在休養方面，主張『心有主』，用靜坐、主敬、致和的工夫，所以說：『心有主則時邪不入，無主則外物來奪』，為其『主敬者是也』。敬與靜原是同樣的工夫。只因要與佛教有所分別，故用敬字不用靜字。他說道：『纔說靜便入釋氏，不宜用靜字只用敬字。』名字雖不同，工夫是一樣的。他又嘗與靈源晦堂往還，靈源給他一封信，討論到修養方法。他所著的《易傳》，用『體用一致，顯微無間』的佛教術語。生平注重靜坐，楊游立雪，傳為美談；靜坐為禪家的唯一秘訣，其與佛教的關係，於此可見。

至於朱熹，學雖祖述程頤，但他對於佛理的批評，理障更甚，遠不如張載、程顥等透澈。他曾經說：『佛氏之學，原出楊朱，後附以老莊之說』，眞是盲目之談。又說：『佛老犯三綱五常之罪，老莊不滅盡人倫，佛滅盡人倫，禪則滅盡義理，禪者直指人心；是不知心云，見性成佛，是不知性，故滅盡人倫。』這種批評，實在騷不著佛教癢處。但他自己所主張的窮理、盡性、致敬……等等學說，類多源於程頤，不無禪家氣味。（上皆參見林科棠宋儒與佛教）

尤顯著的則為陸王派所主張的心即理，與禪家更相近。故程朱派人往往罵他們是禪，陸九淵所說：『宇宙即吾心，吾心即宇宙。』正是禪家心本眞如的意義。王守仁所說：『人人心中有良知』正是禪家人皆有佛性的意義。他們都認人心即天理，天理在人心之中，故陸九淵嘗說：

『理一理也，心亦理也，此心此理；實不容有二。此理本天，所以與我，非由外鑠，我明得此理，即是主宰眞能為主，則外

物不能移邪說不能惑。』見宋元學案卷五十八

理不滅，心亦不滅，大而天地，小而人心，無不包含於此理之中，故曰塞宇宙一理耳。王守仁說：

『良知是天理之昭明靈覺處，故良知即天理。心之本體，即天理也。』

『良知為人人先天所同具的本體，無分聖愚，莫不固有。』

『良知是眞智慧。』

『良知在先天中圓滿具足，了無缺陷。』見明儒學案卷十

這些理論，完全是禪的主張，較諸程朱派尤為清楚。近世劉仁航曾譯日本陽明與禪一小冊，講到這兩方面關係很詳，這裡恕不贅述了。

總之：學理是中國的形而上學，歷宋元明而至清，不下數百家，然總不出上列幾家的範圍。他們雖多有批評佛教的話，但是所討論的理氣心性，都帶著佛教的氣味。所以說理學是出發於宗教思想，或說是宗教與哲學混和的結晶，都無不可。尤其是理學家的修養工夫，無論主誠主敬主靜主寡欲主返觀內心主致良知主敬以直內義以方外……等等，莫不含有宗教上祈禱面目。因此，我們認為這也是一種宗教思想的表現。

丁　佛教的全盛與高僧

佛教傳入中國，在唐朝以前，可以說是萌芽時代，唐朝纔到了發

達的時代；唐朝以後，則漸漸凋落了。我們現在來說唐朝的佛教，應當說到開創的皇帝高祖，他是很重佛教的，他曾經捨舊宅改為興聖寺。他那身經百戰的兒子太宗，也是覺得殺戮太多，有些悔懼；當他即位之後，馬上叫京城裡的廟宇，禮懺七日七夜。並且在戰陣各地，建立了寺宇：

在豳州破薛舉處建立昭仁寺

在洛州破王世充處建立昭仁寺

在洺州破劉黑闥處建立朝福寺

在汾州破劉武周處建立弘濟寺

在晉州破宋金剛處建立慈雲寺

在台州破宋老生處建立普濟寺

在鄭州破竇建德處建立等慈寺

又建立弘福寺、慈恩寺，為後來玄奘等譯經之所。

這就是大唐內典中所說『四方堅壘，咸置伽藍，立碑表德，以光帝業。』他曾經親自撰著大唐三藏聖教序，詔令度天下僧尼，可見得他對於佛教的提倡，是很有力的。

高宗亦然，敬禮玄奘，好像石勒敬禮佛圖澄，姚秦敬禮鳩摩羅什一樣。他生了兒子，就是中宗，命玄奘為他題名叫佛光王；所以中宗即位，就勅東西經各建佛光寺。武后篡唐，禮佛更甚。西來僧徒日愈多，譯經事業亦發達。貞觀時有光智字中天竺，譯經於勝光寺。同時，有在佛教史上最著名之人物，首推玄奘。他是洛州人，在貞觀三年八月西遊印度，歷五十六國，親受業於戒賢門下，治《瑜珈》等大乘之學。及貞觀十九年四月歸國，前後共出國十六年，帶來梵經，有二百二十四部《大乘經》，一百九十二部《大眾部論》，十七部《迦臂耶部律論》，四十二部《法密部經律論》，六十七部《說一切有部經律論》，三十六部《因明論》，十三部《聲明論》，共五百二十夾，六百五十七部。即開始在長安譯經，歷十九年手未釋管，共譯出七十五部，一千三百三十卷。（參見梁著佛典之翻譯玄奘譯書目表）其出遊情形，詳記於自著之《大唐西域記》，其生平事蹟詳載於《高僧傳》及慧立所著之《慈恩三藏法師傳》，皆可考見其譯務之勤，說：

『專務翻譯，無棄寸陰，每日自立程課，若晝日有事不充，必兼夜以續。……三更暫眠，五更復起，讀誦梵本，朱點次第，擬明旦所翻。』（見大慈恩等之藏法師傳卷七）

譯梵為漢之外，又譯《老子》為梵文以遺西域，復將《大乘起信論》從漢文更譯梵文，使印度已失傳之《起信論》得復保存。其在譯業上的貢獻，實高於羅什。

玄奘弟子有三千之多，窺基為弟子中的第一；其次如圓測、普光、法寶、神恭、靖邁、順璟、嘉尚、慧立、彥悰、神昉、宗哲都是弟子中的傑出者。窺基即慈恩大師，傳玄奘識因明之學，這是印度的邏輯，首由玄奘輸入中國的。窺基譯著之現存者，有二十二部一百餘卷；其中關於唯識者佔半數，為中國的根據。自玄奘譯《俱舍論》（即《新俱社論》），以眞諦所譯為《舊俱舍論》）後弟子中發揮俱舍者甚多。普光、法寶、神泰皆撰註疏，稱為俱舍三大家。窺基弟子慧沼，慧沼弟子智周，亦有許多著作，這個時代，是唯識學最發達的時代，但自安史之亂后，便式微了。

與玄奘同時的有一個中天竺人名叫那提，在高宗時也攜帶了五百多夾一千五百多部大小乘《經律論》到中國來，安置在慈安寺。他本來是印度法性宗大師，親出龍樹之門；到了中國，正是玄奘聲譽最隆的時候。後來奉派到崐崘諸國去採藥，等到回來，他所帶來的經典都為玄奘搬去了，他就沒有方法可翻，那正像羅什對付賢覺一樣，那提因此沒有什麼表見，道宣《高僧傳》很為他可惜。

當時在譯著事業上著名的，如阿地瞿多、會寧、佛陀波利、地婆訶羅（即日照）、提雲般若、實叉難陀、義淨、菩提流志、善無畏、金剛智、不空、般若等人為最著。此外自印度來的，與華人中通梵語自譯的甚多，其中尤以實叉難陀、義淨、菩提流志、不空為傑出。實叉難陀譯出《華嚴》八十卷，即今所存的唐譯《華嚴》，原來自漢支婁迦讖所譯《兜沙經》，支謙譯《菩薩本業經》，及西晉竺法護所譯五種，皆《華嚴》品分。後羅什譯《十地品》，佛馱跋陀羅譯《華嚴》六十卷，為晉譯《華嚴》，皆不很完全，實叉難陀所譯較為完備也。

義淨是中國人，慕玄奘風，遊印度二十五年之久，得梵本《經律論》約四百部，譯出五十六部二百三十卷，並著有《求法高僧傳》《南海案歸內法傳》等為佛門掌故珍重之書，玄奘以後的第一人。

菩提流志，南天竺人，完成《大寶積經》百二十卷，玄宗賜謚曰開元一切遍知三藏，可以知其學問了。此二人——義淨、流志——曾參與實叉難陀《華嚴》譯務，其貢獻亦甚大。

不空為完成密宗（即眞言宗）最重要之一人，譯《密部經呪》凡百四十餘卷，與善無畏金剛智同來中國，同為密教功臣。後來傳入日本。般若翻四十《華嚴》，為唐代最後的翻譯家。其他著名作品，如玄應的《一切經音義》二十五卷，道宣的大唐內典錄十卷，圓照的《貞元新定釋教錄》三十卷，《大唐貞元續開元釋錄》三卷，與前此智昇的開源釋教錄二十卷，同為佛教重要的史料。

此外如善導的中興天台，更有荊溪大師湛然，尤為天台宗重要人材。法藏及清涼大師，澄觀、圭峯禪師，宗密的宏揚華嚴宗，以及禪宗在此時所出的慧能，律宗中的相部法礪、南山道宣、東塔懷素，都是唐代的高僧。又有念佛宗，此時分善導與慈愍二派，亦極興盛。但是唐代佛教，經安史之亂與武宗之難後，又加以五代的紛擾，也便衰落了。

宋太祖承周世宗毀佛之後即行恢復佛教；首先命張從信雕《大藏經》於成都。為中國《大藏經》版的起始。《佛祖統記》有『開寶五年，詔京城名德玄超等，入大內，誦金字大藏經』

的話。太宗復太平興國寺，其時西僧齎梵經來中國的亦絡續不絕；如法天、吉祥、天息災、施護等名僧特建譯經院（即名傳法院）於太平興國寺之西收羅他們從事譯務。《佛祖統記》記天息災所定實例：

『第一譯主，正坐面外，宣誦梵文。第二證義，坐其左，與譯主評量梵文。第三證文，坐其右，聽譯主高讀梵文，以驗差誤。第四書字，梵學僧，審聽梵文，書成華字。第五筆受，翻梵音成華言。第六綴文，回綴文字，使成句義。第七參譯，參考兩土文字，使無誤。第八刊定，刊削冗長，定取句義。第九潤文官，於僧眾南向設位，參詳潤色。』參看中國佛教史卷三十六章

譯經院西設印經院，譯畢即雕版，又選拔童子十人，在院學習梵學，使傳譯經之業，惟淨即此十童中之一，後譯著甚多；此為國立譯場，經費皆由官給，可見太宗對佛教的熱忱了。時有通慧大師，著《高僧傳三集》《僧史略》等書。眞宗時西來僧徒有法護日稱，仁宗時則有智吉祥，契丹國慈賢，徽宗時則有金總持等，皆從事譯著。綜宋一代，佛教皆得國家保護，惟徽宗以信道故，曾抑佛教，然而未有若何影響，當時天台宗發生山家外之爭，也是佛教史上一件大公案；由於教理上發生不同的見解及對於天台所著《金光明經玄義》廣略本的眞僞問題而起，以晤恩的《發揮記》為導火線。一方對於荊溪所作不十二門，亦起爭端在山外方面有源清、宗昱等，山家方面有知禮，兩方辯難，著作甚多。這是天台宗的內部問題，然亦影響於當時的佛教。當時惟禪宗最為發達，雖分為五家七宗（即曹洞、臨濟、潙仰、雲門、法眼五家，臨濟又

分楊岐、黃龍二派，故謂七宗）而各有其傳授系統，極為隆盛。名僧如契嵩、圓通居訥為雲門中人，靈源、常總為黃龍派人，元代雖重喇嘛，然以信用禪僧劉秉忠故，禪宗亦極發達。明太祖幼為禪僧，明之佛教，多為禪宗，有憨山大師德清，蕅益大師智旭，皆富於著作。此外如律宗中的南山律，有允堪、元照以著作而宏淇教，華嚴宗有長水、淨源以著作而興其宗。無論何種宗派，皆從念佛法漸趨於融合。

佛教在唐代為登峰造極的時代，宋代雖曾產生不少學者，已不及唐代，自宋以後，更無足述。惟元代則有特別的喇嘛教自西藏流入，成為元代的國教。喇嘛教本為唐太宗時從中土輸入之佛教，與西藏原來之巴恩教融合，漸成為帶有密教色彩的喇嘛，後出有宗喀巴其人，改良其教義。但元世祖尊巴思八為國師，末流所至，乃至演成演揲兒的怪現象，即廣聚女子以取樂的惡風，佛教墮落，一至於此。

戊　帝王與道教　唐代雖稱為三教鼎立，但是因為國姓與老子相同，故終唐代二百多年，特別尊崇道教。排佛的傅奕，曾為道士，貞觀十一年，有洛陽道士與佛僧論之事。以道士得勢之故，把道士女道士列於僧尼之前。尤其是玄宗，幾以老子教為國教，稱老子為大聖教元皇帝，詔諸州立玄元皇帝廟，並設立玄學館，使諸州學生皆息《道德經》與《莊子》《列子》等書。封莊子為南華眞人，稱其書為《南華經》；封列子為冲虛眞人，稱其書為《冲虛經》；封文子為通玄眞人，稱其書為《通玄經》；封庚桑子為洞靈眞人，稱其書為《洞靈經》。設道舉之制，置博士助教以教授諸生，官吏登庸，皆由道舉出身。

是時道教雖借託老子之名，然頗多迷信；以神仙長生之術，誘人信仰。唐代諸帝，如太宗、高宗、憲宗、武宗皆惑於道士之言，服食丹藥而死。先是王浮作《化胡經》說老子、尹喜因欲化胡成佛，投身為釋迦、文殊。至是二教討論化胡經的眞偽，法明乃問老子往印度成佛，用華語抑用胡語？使道士無言可答，於是高宗命將道書中化胡之語，盡行除去，中宗一命道觀中撤去〈化胡圖〉，因當時知道此種虛搆事實，與老佛產生年代不符，不能自圓其說。唐武宗之滅佛教及外來宗教，獨留道教一事，尤為顯然，會昌元年，武宗召趙歸眞等道士八十一人入宮，親受《法籙》，衡山道士劉元靖得帝信仰，為光祿大夫，任崇玄館學士。又招羅浮山道士鄧元超，互相結衲，以厚其勢，於是演成撲滅道教以外宗教的慘劇。

宋太宗集天下道經七千卷，修治刪正，眞宗亦選道士為之詳訂成三千九百五十七卷之《寶文統錄》，並賜御序，即為《道藏》。徽宗極信道教，賜道士徐知常為冲虛先生，自稱教主道君皇帝，任用林靈素、徐守信、劉混康等人，建玉昭陽宮，奉祀老子。改天下佛寺為宮觀，奉長生青華帝君像，行千道會，費帑無數。詔道籙院燒毀佛經，稱佛為大覺金仙，稱菩薩為仙人大士，稱僧為德士，稱尼為女德士，德士位在道士之下，使道士居佛寺之中。其意蓋欲使道佛二教混合為一，亦即欲吞滅佛教而僅成一道教。但不久即取消前詔，恢復舊觀。

元世祖時，曾有燒毀道藏之令，除老子《道德經》外，悉禁止，並刻碑立石，記其始末。其事蓋起於道士丘處機、李志常等，會滅佛像寺塔，占為道觀，至有四百八十二所之多；並據《化胡經》說，壓迫佛教。憲宗乃令佛道辯論，道士失敗，於是有焚毀偽經之命。說謊經文，盡行燒毀，至是已凡三次，令道為僧，不願者為民，當時霸道為僧者，有七八百人。其原因實由於道教徒的侵佔佛寺而起的反動，《辯偽錄》有載《焚毀諸路偽道藏經之碑》；《佛祖通載》列此焚毀道藏書目凡三十九部，道士之歸佛者十七人，這是佛道爭衡中一大公案。

當時道教中的著名學者，有孫思邈著《千金方》司馬承禎著《坐忘論》張志和著《元眞子》羅隱著《兩同書》譚峭著《化書》孫光庭著《廣成集》呂純陽的《呂祖全書》張君房編《雲笈七籤》等，更有無能子、天隱子、劉進喜、葉法善、趙善眞、林靈素等皆為道教中著名人物。

總之：道教除老莊外，學理淺薄，迷信甚多，遠不如佛理高深，故雖一時得帝王的信仰提倡，偶有一時的興盛，然不久即銷聲匿跡，並無特別發旺的機會，這是道教本身不良的緣故。而且這時候的道教，無非復演漢魏以來的金丹服食符籙……等等迷信，沒有什麼思想上、學術上、宗教上的貢獻。

第五節　也里可溫教的傳布

甲　也里可溫與景教的關係

也里可溫，是元代基督教的名稱。在唐朝有景教，在元朝有也里可溫教，名稱雖然不同，但同是基督教的一種。佛教在唐武宗的時候，遭遇了不幸，一時在中國內部，似已無基督教存在，實則在中國的西北方與南方，仍不絕基督教教士的足跡。尤其是在北方的蒙古，與歐洲的基督教國，有特別的關係，基督教士也就跟著蒙古人的勢力，而復興於中國。當元太祖時，正值歐洲十字軍之爭，太祖、太宗曾予羅馬教皇以助力，因此，常有密切的往還。及世祖入主中華，基督教因隨而傳入中國，名之為也里可溫，本蒙古語，意思就是福分人，或有緣人，或即『奉福音之人』。多桑謂蒙古人呼基督教為 Arcoun，唐景教之阿羅本，或即是也里可溫的古音。清洪鈞著《元史譯文證補》中有《元世各教名考》，說道：

『也里可溫之為天主教，有鎮江北固山下殘碑可證；自唐時景教入中國，支裔流傳，歷久未絕，也里可溫，當即景教之遺緒。』

又說：

『多桑譯著旭烈兀傳，有蒙古人稱天主教為阿勒可一語，始不解所謂，繼知阿剌比文回紇文，也阿二音，往往相混，阿勒可溫，即也里可溫。』

也里可溫這個名詞，數見於《元史》中，且常與和尚、先生、答失蠻並列，和尚為佛徒，先生為道士，答失蠻為回教徒，那末，也里可溫就是基督徒了。

元世祖是一個雄主，很可以比美唐太宗，對於宗教，也是同樣的寬大，佛耶回諸宗教，都能容納。其母別吉太后，為基督教信徒，所以當馬可孛羅覲見世祖後，世祖便命其攜書致教皇，且請求派遣道行高深的教士百人來華，並取來耶穌墓前燈油以為紀念。（見馬可孛羅遊記）可見基督教在中國又開一新紀元了。也里可溫既然就是基督教，那末，也里可溫與佛教有什麼關係呢？我們先來看一看《梁相記，所說：

『薛迷思賢，在中國西北十萬餘里，乃也里可溫行教之地。愚聞其所謂教者……祖師麻兒也里牙（按即馬利亞）……今馬薛里吉思，是其徒也。教以禮東方為主，與天竺寂滅之教不同。……十字者，取像人身，揭於屋，繪於殿，冠於首，佀於胸，四方上下，以是為準。薛迷思賢地名也，也里可溫教名也。公之大父可里吉思，父滅里，外祖撒必，為太醫。太祖皇帝初得其地，太子也可那延病，父外祖舍里八，馬里哈昔牙（意即信耶穌者）徒眾，祈禱始愈。充御位舍里八赤（舍里八義即智慧，赤即官也）本處也里可溫答剌罕。（答剌罕意即一團之長）至元五年，世祖皇帝召公馳驛進入舍里，，賞賚甚侈。舍里八煎諸香果，泉調密和而成。舍里八赤，職名也，公世精其法，且有驗，特降金牌以專職。九年，同賽典（貴族）赤平章往雲南，十二年往閩浙皆為造里八，十四年欽受宣命虎符懷遠大將軍，鎮江府路總督府副達魯花赤，雖登榮顯，持教尤謹，常有志於推廣教法。一夕，夢中天門開七重，二神人告云：汝當興寺七所，贈以白物為記。覺而有感，遂休官務建寺：首於鐵門捨宅建八世忽木剌大興國寺，次得西津竪土山並建答石忽木剌雲山寺，都打吾兒忽木剌聚明寺，二寺之下刱為也里可溫義阡。又於丹徒開沙建打雷忽木剌四瀆安寺，登雲門外黃山建的廉海牙忽木剌高安寺，大興國寺側又建馬里吉瓦里吉忽木剌甘泉寺，杭州薦橋門建樣宜忽木剌大普興寺：此七寺實起於公之心。公忠君愛國，無以自見，而見之於寺耳。完澤丞相謂公以好心建七寺奏聞，璽書護持，仍撥賜江南官田三十頃，又益置浙西民田三十四頃，為七寺常住。公住鎮江五年，運興土木之役，秋毫無擾於民；家之人口受戒者，悉為也里可溫，迎禮佛國，馬里哈昔牙，厤兒失理河，必思忽八，闡揚妙義，安奉經文，而七寺道場，始為大備；且勅子孫流水住持。舍利八世業也，謹不可廢，條示訓誡，為似續無窮計，蓋可見公之用心矣。』見至順鎮江志大興國寺記

我們在這段記事中，不但可以知道鎮江也里可溫的剏始情形，更可以看出也里可溫與景教實是相同的基督教。所以在《馬可孛羅遊記》中有『鎮江府有景教禮拜寺二所，千二百七十八年，大可汗命景教徒名為馬薛里吉思者為其地長官，寺即其所建』等話，這是明明說鎮江也里可溫寺為景教寺的起頭。後來俞樾序楊文杰《東城記餘》，說道：

『余讀其中大普興寺一條，稱其奉乃也里可溫之教，有十字者，乃其厤也里牙之靈跡，上下四方以是為準，與景教流行中國碑所云「判十字以定四方」者，其說相同。』見春在堂雜文

這也是認也里可溫為景教之說。最近麥克納在《中國基督教四大危急時期》的演說，敘述景教之後，即曰：

『基督教在中國本部，未及推廣；其在中亞，則繼續傳布，至十三世紀中葉，元世祖時，東方基督教日漸來華，重整旗鼓。』

這是認也里可溫與景教，本為一脈之傳。不過也里可溫，乃元代基督教通稱的名字，當時並不知道中間的派別，或統稱為十字教、十字寺而已。洪鈞《元史譯文證補》卷二十九有很詳細的記載，可以參考。

乙　也里可溫興盛的一斑　元代起自蒙古，當期未入中國之先，曾據有中亞細亞諸地，即基督教廣行的地方；後來又西侵歐洲，北抵俄羅斯，羅馬派與希臘派的基督教都為所吸收。及至入主中國，此等教派，都一隨之而來，瀰漫內地。最顯著的，則為鎮江、杭州的七寺，其實並不是獨盛於鎮江、杭州，乃是鎮江《大興國寺碑文》獨保存在《至順鎮江志》中的緣故。假使我們看一看元朝的官制，在《元通制條格僧道詞訟門》有一條記載：

『至大四年十月十四日，省臺同奏，咋前宣政院為和尚也里可溫先生，開讀了聖旨的上頭，奉聖旨教俺與御史臺集賢院宣政院崇福司官人，每一同商量者麼，道聖旨有來，御史臺集賢院崇福司來省裡一處商量來。崇福司官說：楊暗普奏也里可溫教崇福司管時分，我聽得道來，這勾當是大勾當，不曾與省臺一處商量，省臺必回奏，如今四海之大，也里可溫犯的勾當多有，便以壹伯個官人，也管不得，這事斷難行。』

宣政院是管釋教的，集賢院是管道教的，崇福司是管也里可溫教的，當時楊暗普做江南釋教總統，崇福司就根據他的奏章提出這番意見；可見也里可溫人數之多了。再從《至順鎮江志》戶口類看：僑寓戶三千八百四十五之中，有也里可溫二十三戶，一萬五百五十五人口之中。有也里可溫一百六人，二千九百四十八單身之中，有也里可溫一百九人。從鎮江一區講，一百六十七戶中，有一戶也里可溫，六十三人中，有一個也里可溫人。宜乎要說『一百個官人也管不得』了。但這還是單從江南一部分講，若從〈元史職官列傳〉去看，有許多寫著也里可溫字樣：北方如山西、陝西、河南、山東、直隸……等省，南方如廣東、雲南、江浙……等省，皆有也里可溫駐居，那當然也有禮拜寺及崇福司等在各該處。再據〈元史順帝紀〉，說到別吉太后之喪，有：

『後至元元年三月，中書省臣言甘肅甘州路十字寺，奉安世祖皇帝母別吉太后……云云。』

甘州有十字寺，馬可孛羅也提及過：『甘州者，……其地基督教徒，於城中建人禮拜寺三所。』別吉太后是信奉基督教的，文苑紀有『命也里可溫於顯懿莊聖皇后神御殿作佛事』的話，這不獨可以知道別吉皇后是基督徒，更足以證明也里可溫已普偏於全國了。元史『所見某某者，也里可溫人』，有達官、有孝子、有良醫、有學者、有義士……很多很多，而且他們的名氏，又多與古基督徒相同。元代著名的文學家馬祖常，（見元史卷一百四十三）本是聶斯脫裡望族，也是歷代的大官，他所著的曾祖月合乃神道碑，（見元史卷一百四十三）便可以知道他們是元代大族，都是也里可溫人。黃溍曾著馬氏世譜，記載級詳，余闕合淝修城記，記馬世德政績，也有也里可溫國人字樣。（見青陽集卷三）

四大危急時期裡，說到羅馬教王尼古拉司第四，命佛蘭西斯可派教士孟德可兒米諾來華，由印度至燕京，孜孜佈道，得世祖許可，建教堂於燕京，信徒達六千餘人。後又得可隆教士阿諾爾來相助，教務愈加發達。孟德將印度及中國教會情形報告到羅馬，教王嘉其功績，封為中國主教。後來羅馬教士繼續來華傳教者日多，基督教便日益興旺。不過這裡明說是佛蘭西斯可派，那末與江南的聶斯脫里的派別不同，不過在當時都稱為也里可溫，現在我們也無法把他分別清楚；好像現在中國傳教的一百三十多宗派，都叫他基督教一樣。

丙　也里可溫與佛道的爭端　在元代文告中，每以和尚也里可溫先生並稱，或稱僧道也里可溫，於是便發生朝賀班次的爭端。至《元辨偽錄》曾有：

『釋道兩路，各不相妨，只欲專擅自家，遏他們戶，非通論也。今先生言道門最高，秀才人言儒門第一，迭屑人奉彌失訶言得生天，答失蠻叫空謝天賜與，細思根本，皆難與佛齊。』見錢大昕二十二史考異卷八十七所引

這是出於佛教徒之口，可見當時各教互爭的的情形。又《元典章》卷三十三有：

『大德八年，江浙行省准中書省咨，禮部呈奉省判集賢院呈：江南諸路道教所呈，溫州路有野魯可溫，創立掌教司衙門，招收民戶，本充教戶計，及行將法籙先生誘化，侵奪管領，及於祝聖處祈禱去處，必欲班立於先生之上，動致爭競；將先生人等毆打，深為不便，申訖轉呈上司禁約事。得此，照得江南自前至今，止有僧道二教，各令管領，別無也里可溫教門，近年以來，因隨路有一等規避差役之人，投充本教戶計，遂於各處再設衙門，又將道教法籙先生侵奪管領，實為不應，呈乞照驗。得此，奉都堂鈞旨，送禮部照擬，議得即日隨朝慶賀班次，和尚先生祝讚之後，方至也里可溫人等，擬合依照會外，據擅自招收戶計，並攙管法籙先生事理移咨本道行省，嚴加禁治，相應具呈照詳。得此，都省咨請照驗，依上禁治施行外，行移合屬並僧籙司也里可溫掌教司，依上施行。』

這一道咨文，是根據道教的呈控，其重要原因，乃在將法籙先生誘化。所謂招收民戶，充本教戶計，認為侵奪管領之權。其餘如祝聖祈禱時的班次，甚至將法籙先生毆打等話，原屬附帶的問題，並不十分重要，但也可想見也里可溫的興盛，乃至引起佛道二教的排擠。現在禮部既明定朝賀班次並禁止招收戶計；並謂投充戶計，是為規避差役，這自然是片面的判決。然亦適足反證基督教人數的加增，影響到法籙先生。

還有一件與佛教的爭端，就是鎮江十字寺的交涉，竟至備佛教沒收改作金山下院，也里可溫實受了一大打擊。金山寺本來是晉朝建武時建立的，初名叫澤心，後來梁天監水陸法式，就在寺中營齋，宋大中祥符的時候，改名叫龍游，到元朝至元十六年的時候，馬薛里吉思做鎮江達魯花赤，建立十字寺於西津岡頭，到二十七年，乃收金山寺為下院，這事趙孟頫的按語。到這時候，元仁宗頗信佛教，收十字寺復改為金山下院，歸佛教所有，趙孟頫奉旨撰碑，立於其地。其碑文中有：

『也里可溫擅作十字寺於金山地，其毀拆十字，命前畫塑白塔寺工劉高，往改作寺殿屋壁佛菩薩天龍圖像，官具給需日用物，以還金山庚辰，洊降璽書護持，金山也里可溫子子孫孫勿爭，爭者坐罪以重論。……特奉玉旨，金山寺地，外道也里可溫，倚勢修蓋十字寺既除拆所塑，其重作佛像，繪畫寺壁，永以為金山下院，命臣趙孟頫為文，立碑金山，傳示無極云云。』見至順鎮江志卷十

同時，潘昂霄也奉旨撰碑，有：

『至元十六年，也里可溫馬薛里吉思者，綰監郡符，勢張甚，掇危峯絕秀之所，屋其顛，祠彼教，曰銀山寺，甞隙為儕類葬區。……今皇踐祚，敕宣政臣婆閭等，即寺故像撤去之，倣京刹梵相，朱金紺碧，一新青供，付金山住持佛海應聲長老，錫名金山寺般若禪院，舉域一辭，歸誠讚美。』（同上）

也里可溫經打擊以後，或日即於衰微，而至於滅亡，亦未可知。考查也里可溫滅亡的原因，除了異教徒的壓迫以外，尚有一重大的原因，在《四大危急時期》中說：

『中國景教徒為數頗眾，大半係蒙古人，非中國人，威廉羅伯魯不克來華，即在中亞傳道，與中亞景教接觸，評其缺乏智識……設此兩派耶教，均以基督為法，互相敬愛……則耶教在華在亞之發展，必無限量也。……總主教約翰初居北京寧夏時，景教徒極力反對，是以兩方互仇，不能同心協力……約翰嘗捕入法庭，屢受污辱……。』

由此可知物必自腐而後蟲生，兩派基督教計自相傾軋，自然佛教得收漁翁之利。此所謂景教，即指南方的也里可溫，依唐人名而名的。仁宗以後元朝的國勢日衰，歷三十年即亡國，斯時的基督教，也就隨著國祚而消滅。因為他既然藉著國家的勢力而興隆，當然要隨著國勢而衰滅，故不單是由於教派傾軋的緣故。

第六章　明清及近代的宗教思想

第一節　宗教生活概況

甲　佛道的衰落　以曾經做過皇覺寺小沙彌的明太祖，對於佛教，當然有一種特別的因緣；故即位以後，鋭意振興佛教。惟因為元代佛教所發生的流弊，乃加以嚴厲的約束，凡欲為僧者，必須經過經典考試，給予度牒，不准私自薙度。設僧道錄司，專管佛道二教。成祖以禪僧道術（即姚廣孝）之力，得逐惠帝而為天子，於是重用姚廣孝，與元代的重用劉秉忠，如出一轍。校刻藏經，實為成祖對佛教最大功績。武宗信佛尤篤，惟世宗因信仰道教之故，毀宮中佛像及京師佛寺，道士邵元節、陶仲文，皆為顯宦，道教之勢力漸大，竟因誤服道士王金丹藥而死，佛教又復隆盛起來。其時佛教，分禪講教三種，禪重參悟，講重說法，教則專事祈禱禮拜等儀式。佛教的形式雖具，精神已漸衰落，喇嘛教的勢力，猶駕佛道而上之；但普通宗教思想，皆趨於三教一致，即佛教亦僅餘禪淨二宗，流行民間。清代以滿族入主中國，有蒙古人尊崇喇嘛之遺風。惟清代帝王中，頗知尊重儒術，提倡佛教，以籠絡中國人民。順治為帝，亦如明代限制僧徒出家，但遊民之窮無所歸，以僧院為逋逃藪者，又比比皆是。於是流品既雜，佛教愈陷於破產地步。同時以尊崇喇嘛之故，留居唪經，皆為喇嘛，真正佛教，已無足跡。

但是清代諸帝中，如順治、康熙、雍正、乾隆，皆喜參禪理，尤以雍正的《御選語錄》收其禪師名言，與乾隆的集刻大清重刊三藏教目錄，又以滿州與翻《大藏經》為最大工作。嘉道以後，一以因佛教內部的腐化，一以因太平天國的影響，佛教遂一蹶不振了。

形式的佛教雖衰，而研佛的居士卻漸多，如宋世隆、畢奇、周夢賢、彭紹升諸人以外，江都鄭學川、石埭楊文曾，皆注意於刻經事業，狄葆賢設流通處於上海，並辦《佛學叢報》，民國以後，有中華佛學總會成立以及上海佛教居士林、佛教淨業社，常熟的華嚴學院，武昌的佛學院，廈門的閩南學院，常州的清涼學院，南京的內學院，都是謀中興佛學的組織。沙門中有赤山法忍、天寧清鎔、鼓山古月、留雲密融等宏揚禪宗，諦閑月霞的大開講筵，以及天童敬安的奔走護法。發刊雜誌的，如太虛所主的《海潮音》，歐陽竟無所主的《內學》，咸期有以發揚教理。當光緒庚子時，自敦煌千佛洞發現唐人寫經，最足予不絕如縷的佛教以新生命。於是從最近的佛教看來，寺院的佛教，僅存廟宇，為遊人的憑弔，與僧徒的寄食，摔落已到極點，而學者的研究，在學理方面，卻大有發展，思有以迎合時代的潮流。

至於道教，自明世宗一度尊崇以後，便毫無生氣，僅有世襲的張天師，專恃符籙祈禳，以延其殘喘。民間的宮觀，與逐食的道士，亦不過為營業之一，絕無宗教意義。清代帝王中未有注重道教的，甚至康熙有『一切僧道，原不可過於優崇』之諭。道光停止張天師入覲，最近且並張眞人的封號亦取消；道教幾已無行消滅了。不過學者中對於老莊諸子，頗多從哲學方面加以研究，不以宗教上的經典目之了。

乙 基督教的宣傳

自元代亡國，基督教亦隨而消滅，至明代末年，基督教又復捲土重來，是為基督教傳於中國第三期。開創第三期工作的教士，要算意大利的利瑪竇；其實在利瑪竇之前與利瑪竇同時的，又有好些人。不過這些人沒有顯著的成績，所以不能取得歷史上的盛名。惟有利瑪竇他在一五八二年偕勞吉耳同來中國，居於澳門，不久勞吉耳仍返羅馬，祇留利瑪竇一人，潛易僧服至廣東肇慶，便在肇慶學習中國語言。後來得到郭制臺的允許，代為奏請朝廷，許其留居肇慶。奏請的理由，則為：

『因澳門商旅雜遝，市闤喧豗，為交通孔道，而不便於研究學術。擬在肇慶建築房屋，設立教堂，得以祈禱、求學、幽居、默想，對於所學，必更能增進。』見大西利先生行蹟

從此，利瑪竇便在中國有託足之地，漸漸地擴展起來，以致於成功了第三期的基督教宣傳，不可謂非煞費苦心。因為這一期的宣傳工作，與前期大不相同，前兩期都是受著皇帝的歡迎，大官的提倡，這一期乃純從教士自己的努力，並沒有借著帝王的勢力。我們從艾儒略所著的《大西利先生行蹟》看來，至少可以看出利瑪竇幾點成功的要素：

（一）他善於交際中國朝野的學士名人，當初到香山墺的時候，便得制臺陳文峯的邀請，同商墺事及至端州又獲交郭制臺、王太守，贈以地圖、渾天儀、地球、考時晷、報時具等物，以是乃得於肇慶有立足地。後來獲交名士姑蘇瞿太素、京兆王玉沙；在江西得謁中丞陸仲鶴，及建安王，陳交友之道，作《交友論》以獻。顯宦如王忠銘、趙心堂、祝石林、王順菴、吳左海、馮琢菴等，名儒李心齋、李卓吾、李公素等，莫不與之往還，艾傳所舉，不下百人。卒得劉心同之介紹，入京覲見，又獲京中名士，得徐玄扈（即光啟）李存我（即之藻）楊廷筠的皈信，為此時基督教柱石，稱為聖教三傑，利氏著作皆出其手。

（二）他能努力研究漢學，主張融通儒理。利氏初居端州約有十年，其時專習語言文字，誦讀中國書籍，六經子史，無不通曉。不獨能寫作流暢的中國文字，並能摹擬中國下級社會談吐，熟悉各種風俗禮節，了解中國人固有的宗教信仰，對於儒家的祀祖祭天，極主容納，並且尊敬孔子學說，所以得學士大夫的歡迎，與朝廷的優遇。但亦因此引起教會內部的反對，為後來衰落原因之一。

（三）他能介紹西洋學說，開發中國人的閉關思想。當時中國人絕不知有世界之大，與科學之名，一見世界地圖，時辰鐘等物，咸驚為見所未見。自利氏首先以西洋學說，輸入中國，史中國在天文曆數輿地等等學術上，得開一新局面。他所譯著的《天學初函》，分理器兩編，一以發揮天主教義，一以介紹格致之學，於中國學術界發生很大的影響。

綜利氏一生工作，不可謂非基督教在中國第三期開創功臣。厥後繼承利氏而起的教士，亦皆努力於此，藉學術以發揚教義。天主教遂得流行於上級社會，極一時的興盛，但不久便引起了兩次非教風潮。一在明神宗時禮部侍郎沈榷主動的，一在清聖祖時欽天監楊光先主動的，雖受一時的極大打擊，而基督教潛勢力的偉大，未見稍衰。及至教會內部發生派別之爭，乃有解散耶穌會之舉，於是耶穌會自利氏以來一百九十年的工作，歸於消滅。但耶穌會雖經解散，而別派天主教乃繼續傳布，至今不絕。距耶穌會滅亡後三十四年，有英國馬禮遜傳入基督新教於廣州，蓋即基督教第四期在中國的開始；迄今又傳布一百三十多年之久了。當馬禮遜初來中國的時候，亦感受很多的困難；不獨遭中國人的反對，亦遭外國人的反對，英國商人既設法阻止其來華；葡萄牙人又恐影響其商業；加以天主教在澳門的教士，百般的反對，不能入中國境內。但馬氏排除一切阻礙，毅然來華，隱居廣州有二十七年之久，繙譯聖經，印刷書籍。厥後雖有英德美三國繼續來華的教士，然皆不能公開傳教，進入內地。及至道光年間，因鴉片條約許開五口商埠，教士得傳教約的保護，於是絡續而來，宣教事業，日漸發達。各宗派汁來中國者，有一百三十餘派之多。英國教士戴德生到上海，組織內地會，用刻苦的精神，推廣及於汕頭寧波等等內地。庚子一役，北方教會，受義和團的反對，殺戮教士和教徒無數，但基督教反因此而更形發達。直至民國成立，發生非教運動，基督教自知內容的腐敗，力圖整頓，有本色教會的提倡，脫離不平等條約的束縛，於是基督教又造成一種新的趨勢。總本期基督教的工作，影響及中國思想的改變，有很顯著的下列幾點：

（一）平等自由的主張，掀動了中國固有的思想。首先提倡男女平等，興辦女子教育；如福州的敏英女學，自辦理至今，已歷七十餘年。於是女子之讀書求知者日愈多，受教育之女子，從階級制度中得解放。提倡天足，撲滅纏足的惡風；婚姻自由，打破買賣式的制度；今日女子解放的結果，不能不說是從此起頭的。

（二）介紹科學，較前期基督教尤為努力。當時西來的教士，莫不以繙譯西洋科學書籍為最大工作。於是中國學術界鑑於八股試帖的毫無實用，漸知研究科學，破除迷信。當中國盛行科舉的時候，基督教即仿西洋學校制度，創辦學校，列格致為學校課程。中國變法維新，廢科舉。

（三）德謨克拉西的思想，影響到中國的政治和社會。久伏於皇帝統治天下的人民，漸知中國乃中國人的中國，不但發生種族的革命，尤其發生階級的革命，於是帝制果然推翻了，一切社會的組織，亦漸趨平等。封建社會制度，漸漸崩潰。當革命未成之前，能公然宣傳平等思想，惟有藉條約保護的教會，不受政府的干涉。以有若干革命領袖，都借教會為宣傳的地方，孫中山亦曾為基督徒，而受此種思想的影響的。

現在的基督教，雖處在風雨飄搖的時候，為一般社會所唾棄，但追原其起初的貢獻，似不能從歷史上將他一筆抹煞。

丙　思想解放與趨勢

五十年以前的中國人，完全處於儒家思想支配之下，祇知道所謂三綱五常，緊緊地為舊禮教所束縛。海禁既開，西洋學說，隨著各國商船載入中國，科學思想，平等精神，計件動搖了中國固有的禮教，產生出革命的思想。首先倡種族革命的洪秀全，雖然功敗垂成，但種族平等的思想，卻種入中國一般人的腦海。可惜這個時候，大多數的中國人，還是皇恩深重，為滿清效忠，如曾國藩、左宗棠等為中國舊傳統之忠君主義者。猶抱著天下之大，中國獨尊，西學之入，認為是用夷變夏，當家以嚴厲拒絕。士大夫中既不少此類人，無知愚民，因此釀成排外的舉動，如義和團的扶清滅洋，結果反成了極大的損失。於是從排外的思想，變為媚外的態度，處處以摹仿西洋為事。全盤地承受外來的方法，以為凡屬西洋方法都是好的，這是一個極大的反動。康梁維新，演變成戊戌的政變，雖亦失敗，而滿人已知道適應時勢，為表面上的敷衍。卒以辛亥一舉，帝制消滅，成為五十年來新思想運動所結出的第一果實。政治上雖有這一度的表現，而社會思想方面，猶復蹈常習故，因循敷衍，於是陳仲甫等人以北京大學為大本營，發起新思想運動的團體，發刊的《新青年》雜誌，專以破壞舊社會舊思想為務，青年人受其影響，速於置郵傳命。同時胡適等提倡白話文，推翻貴族文學，吳稚暉等提倡注音字母，謀語言統一，這都是思想解放的先聲。厥後五四運動的霹靂，不但驚覺了政治家夜郎自大的心理，更是喚醒了全國人的迷夢。從此解放之聲，自政治家以至於販夫走卒，咸知奔馳於自由之路。於是社團的組織日益多，鼓吹的刊物日益眾，有關於男女社交的，有關於家庭制度的，有關於文學思想的，有關於經濟組織的，有關於倫理道德的。莫不向舊社會舊思想宣布獨立，奔向自由的目的。最近三民主義的革命成功，尤注意於民族的的解放，努力於國際間的奮鬪，從不平等條約中解放，謀建設一平等自由的中國。

宗教思想方面，當然要隨著歷來的新思想運動，發生極大的改變。無論唯心唯物的人，都覺得儀式的宗教，是一種迷信的表現，應當從人類社會中把它消滅。尤其是唯物主義者，絕對不承認宗教的地位，要從根本上把他剷除。但在唯心的人，以為宗教尚有其精神上的價值，須從實質上加以改良，把精華的所在提供於人們。於是現在獨盛的佛教與基督教兩種，接起了內部的革新運動，期適應現代的潮流。此外關於中國固有的天祖崇拜，與種種神怪風水星相等迷信，皆已臻於末路，將不旋踵而消滅了。這也是思想解放中的一種趨勢。

第二節　耶穌會的輸入與傳布

這時候在宗教中佔得最大優勢的，除佛教外，只有基督教一種了，佛教在中國已有深長的歷史，影響於一般人民的生活，自然是很大；不過現在的佛教，也已經從宗教的地位，變成哲學的研究了。下等社會的信仰佛教，雖然還是帶著迷信的色彩，而智識階級中人，大多主張吸取其學理，打倒其宗教。在佛教本身方面，亦無何種特殊的貢獻，足以引起社會的注意。

至於基督教，卻占了現在中國宗教中特別普遍的地位，所以值得特別的提起。

甲　耶穌會的輸入　元代在中國傳布的基督教，也就是所謂天主教，不過當時有顯然的兩派：一派叫聶斯托里派，就是唐朝的景教，一派叫佛蘭西斯可派，兩派曾經發生過衝突，但是在元朝滅亡以後，這兩派基督教都一齊銷聲匿跡。明朝的起初，正值歐洲有新舊教之爭，那些舊教徒便向東方發展，到了嘉靖三十一，有耶穌會派教士沙勿略（St. Francis Xavier 1552）——也有人翻作勝舫濟，——奉羅馬教會之命，從印度來到中國廣東的山川島——葡萄牙人居留地——葡萄牙商人，恐怕基督教事業影響他們的商務，竭力阻止她到陸地上去，不多幾時他就死在這個島上。後來就有同派的奴涅司（Nunes 1555）克魯斯（Cruz 1556）以及奧古斯丁派的赫拉達（Herade），佛蘭西斯可派的阿爾法羅（Alfars），先後來華，居於島上。直至一五六〇年有法里那尼（Valignani）來居澳門，因不能入中國境內，乃於一五七一年建耶穌會教堂於澳門，努力於日本傳道事業，他因為不能到中國，所以曾經對中國界上的石山，發出沉痛的嘆息，說道：『磐石呀！磐石呀！什麼時候可以開裂，歡迎吾主啊！』可見當時傳道進中國的不容易。到了一五八〇年耶穌會繼續派遣羅明堅（Ruggiers）——或譯勞吉耳——與利瑪竇（Matteo Ricci）二人同到澳門，法里那尼便叫他們入中國傳教。不久羅明堅回羅馬去了，獨利瑪竇改換僧服，潛入廣東肇慶，這就是基督教在中國第三期的開始。

利瑪竇既然到了肇慶，學習中國語言，得了撫台的允許，請願朝廷，就在那裏建寺營居。十年後他移居到韶州，便把趙慶的寺宇讓給司馬劉公。起初，他為了便於留居的緣故，曾經身穿僧服，這時候聽了范禮安之勸，改穿中國儒服，以便與中國士大夫往來。於是他的生活，完全是中國化了；不獨專心研究中國文字，更能仿效中國下級社會的談吐，接交了許多中國文人學士。一六〇一年偕龐迪我同到北京，覲見中國皇帝神宗，把經像及萬國輿圖自鳴鐘雅琴等物，獻給朝廷，頗蒙嘉獎，遂賃市房於京師。在京約十年，至一六一〇年病歿，朝廷賜予葬地。綜計利氏在中國約三十年，由廣東到江西又到南京以及北京，到處受中國士大夫的歡迎，甚至有慕其學問，遠道來訪。因而皈依其教的有二百人之多，其中鍾銘仁、黃明沙等人，後來竟因而受極大的艱苦，又有如徐光啟、李之藻、楊廷筠等人，幫助他譯著了許多書籍。他自己也能寫作流利的中文，所獻給建安王的《交友論》，出於他自己的手筆，後來經過萬曆進士王肯堂修改；但是他的原本，文字亦很通順，可見他學問的淵博，所以得人的信仰。欲知他的生平，有艾儒略所著《大西利先生行蹟》。

乙　教士的著作與事業　利瑪竇在中國傳教的工作，最大的貢獻，厥有四項：（一）贊揚儒教，（二）結交名士，（三）介紹科學（四）翻譯書籍。大部分的工作，還是在著作方面，在韓霖等所編的〈聖教信證附錄〉裡提起他所著的書有《天主實義》《畸人十篇》《辨學遺牘》《幾何原本》《交友論》《同文算指》《乾坤體義》《勾股義》等十五種。在這邊中所列舉的八十九個教士，大多數都有遺留的著作，最著名的如：龍華氏著有《地震解》《聖教日課》等八種；龐迪我有《七克》《人類原始》等七種；高一志有《西學修身》《西學齊家》《西學治平》《勵學古言》《幼童教育》等十五種；熊三拔有《泰西水法》《簡平儀》《表度說》等三種；陽瑪諾有《聖經直解》《景教碑詮》《經世金書》等八種；畢方濟有《靈言蠡勺》《睡答》《畫答》等三種；艾儒略有《西學凡》《幾何要法》《職方外紀》等二十五種；鄧玉函有《奇器圖說》《測天約說》等十九種；利類思有《超性學》《不得已辯》等十八種；南懷仁有《康熙永年曆法》《坤輿全圖》等十三種；這些都是關於天文學、曆算、輿地學等等有名作品。此外如傅汎濟的《明理探》則為西洋論理學輸入之始；鄧玉函的研究《中國本草》至八千種之多，是為中國植物學研究之始；張瑪諾的設學淮揚，為中國有學校之始；其他各教士闡道的作品，實在不勝枚舉，內中有不少尚可以從天主教圖書館中找到的，可見明末清初的教士，他們介紹西學的努力了。這些教士都散處在燕京、廣東、江西、江寧、浙江、江蘇、河南、山西；福建、陝西等省傳教，有幾處公共的墓地。如北京阜城門外的滕公柵欄，廣東的香山墺、杭州的方井南、南京的聚寶門外雨花臺側，福州北門外十字山，都是當時教士們叢葬的地方，現在還可以找到他的形蹟，這也可以看見當時基督教發達的一斑，不但如此，當利瑪竇傳教北京以後，湯若望、羅雅各等教士，頗為明思宗所信任，所以當時的教士，得在中國十三省中自由傳教，於極短的時間內，信道人數達到數萬。上自皇帝廷臣，下至庶民士子，都有信仰其教的。瞿紗微、卜彌格竟能感化熹宗皇后及崇禎皇帝的信教，同時皇族中受洗者，有百四十餘人。明室既亡，偏安於兩廣的桂王，其大臣如瞿式耜（即瞿太素之孫）。丁魁楚（即立唐王於福州者，此二人後皆殉國）。龐天壽等人，首為基督教熱心信徒。名媛如金聲之女，許纘增之母（即徐光啟孫女），以及清初名畫家吳歷，都信奉其教。永歷太后（聖名烈納），馬太后（聖名馬利亞），王皇后（聖名亞納），太子慈烜（聖名當安），皆受洗奉教。明廷既陷於危難，還想借教士的力量，恢復國家，所以派遣教士卜彌格攜帶永歷太后諭文，及龐天壽書信，赴羅馬呈請法王因諾曾十世；龐天壽復派家人隨往，由廣州西行，經印度及波斯而至羅馬。不意其時適因諾曾逝世，亞歷山大第七繼任，及卜彌格得新法王覆書回華，桂王已力窮勢蹙，播遷雲南，永歷太后及龐天壽皆已物化，卜氏遂流離安南，次年亦即病死。

明室既亡，清人入主中國，仍優待當時教士；湯若望以治曆算之學，得為欽天監監正之官。當時天主教新當落成之時，世祖親賜『欽崇天道』的匾額。這些教士因長於曆算製礮之術，頗得朝廷信仰；雖先後有沈㴶及楊光先兩次的反教風潮，不久仍漸恢復，能夠自由的傳布。

丙　教士在科學上的貢獻　明末清初之交，天主教士所以能取得朝廷的信任，而有公開傳道的機會，都是由於他們努力於科學和藝術的介紹。我們從上述的各教士著述中，看見有許多關於科學藝術的作品，這便是西洋學說輸入中國的起端。那時候的中國，並不知什麼叫做科學，一看見萬國輿圖，天文儀器，自鳴鐘，以及關於天算的書籍，都詫為新奇，便引起了許多人的羨慕和學習。在那些教士，不過欲用學術來做傳道的工具，想不到卻因此下了中國學術溝通的種籽，他們在介紹這些學術以外，並且親身幫助明清兩朝鑄造鎗礮，這原是與基督教宗旨根本違反的，但是卻因此反而予基督教以良好的機會，不可謂非絕大的僥倖。首先為明代鑄造戰礮的，要算羅如望與陽瑪諾二人，在一六二二年的時候，熹宗皇帝鑒於滿州勢力的日漸張大，而且有白蓮教作亂，把已經放逐的教士（因沈㴶奏參的）召回來製造銃礮。到毅宗的時候，又繼續命湯若望與羅雅各等製造，然卒不能挽回垂亡的明代。偏安在南方的桂王，還想借教士的力量，向西方基督教國請求援助，予以精銳的武器，恢復國家；到底因為內亂頻仍，滿人已乘機侵入，無法挽救。到了清朝，一般教士，仍獲得世祖的信任，湯若望等繼續其治曆的職位。及至三藩抗命的時候，聖祖又命南懷仁於治曆之餘，鑄造鐵礮，造成大小百二十尊分送陝西、湖廣、江西等處。後來又造成輕便的歐羅巴式神威礮三百二十門，在蘆溝橋試放，聖祖親臨觀看，大家讚賞，賜以工部侍郎職銜，以示優寵。至於他們在天文曆算方面的貢獻，尤為巨大；自明熹宗起用教士龍華民、鄧玉函，開曆局於宣武門內首善書院，推步天文，製造天算儀器，及纂修曆書以後，湯若望、羅雅各、徐光啟等，亦多參加是項曆算的工作。崇禎以湯等所著新曆書，較諸欽天監的推算為準確，遂擬頒布西洋新曆，適因明室滅亡，遂不果行。清世祖定鼎後，仍優待湯等，頒行新曆，斥去大統曆，命湯若望掌欽天監印信，引起了楊光先的反對，廢棄西曆，復用明曆。不久又因推測日影的錯誤，復起用教士南懷仁為欽天監副，又招致恩理格、閔明我、徐日昇等共治新曆，修整儀器；南懷仁著成新製靈台儀象志十三卷，西法新曆又復頒行。此後教士中為曆政顧問的，不一而足。聖祖又命教士等分赴蒙古及中國內地測量地形，製為地圖，名曰皇輿全覽圖。可見教士於天文曆算礮數輿圖等的盡力；西洋物質文明影響到中國的學術界，不可謂非有相當的貢獻。

丁　非教風潮與天主教的衰落　在明清之交，發生過兩次非教風潮：一在明神宗時由禮部侍郎沈榷主動的，一在清聖祖時由欽天監員楊光先主動的。先是利瑪竇既得神宗的尊敬及士大夫的欽仰，教會日臻發達，便引起一般人的反對。及利死後，即有強烈的反動發生於南京，沈榷連上三疏奏參遠夷，以暗傷王化為理由，禁止傳教，朝廷卒為其言所動，於是於一六一六年拘捕鍾明禮等信徒八人，嚴行鞫審，送司法定罪。第二次又拘捕鍾鳴仁等十一人及幼童五人，分別定罪。這就是所謂南京教案。由禮部會審了好幾次，認為一樁非常重大的案件，那些被捕的人，吃了許多苦楚，甚至有因此喪命的，這可以說是中國基督徒第一次為教而死的。西教士王肅豐也被捕監禁，並移解出境。我們讀了當時沈榷的三疏及禮部會審的記錄，與遞解王肅豐的移文，均覺得這次的風潮是非常之大的。其餘在中國的傳教士，也一律驅逐出境，教會幾乎因此消滅，雖有徐光啟所上《辦學章疏》竭力為教士等辯護，也沒有效果。但是當時朝野中贊成天主教的人，也很不少，不過對於這件案子，也無法挽救。東林黨葉象高曾有《贈西國諸子詩》，盛稱其教理的宏深，有『拘儒徒管窺，達觀自一視，我亦與之游，冷然得深旨』的話。李卓吾、李日華、池顯方等皆有贈教士詩，極表其敬慕之意。沈光裕聽湯若望講經，也感而賦詩；錢路加有五言二十韻長詩贈湯若望。這些可以見得當時士大夫中對於教會的好感。但是也有痛罵的詩，如姚燮的《天主堂詩》周瀛暹的《有感》都以夷狄禽獸罵之。見於文告的，也有兩方面各是其的文字如：山西絳縣雷翀的告示，題名為『尊天祛邪』，說『佛道二教，使人不尊天而尊己，西儒修身事天，愛人如己』等云。福建建寧縣左光先（左光斗之弟）的告示，有『天主為普天共主，群生大父，利先生首入中華，倡明景教，艾等皆西儒拔萃……蓋西儒之學，足輔王化，毋妄相揣度』云云。同時福建巡撫海道施邦耀的告示，卻詆為邪教，並搜捕信教之人，有『通夷羅在不赦，捕得黃克私、李財六及夷人二名，令縣民具結，十家連坐』等話。這可以見得兩方面的意見。

非教文字中的最有力的莫如黃貞的《不忍不言》《破邪集》《請闢天主教書》等，他是一個信佛的人，自稱為天香居士或白衣弟子，他的非教理由以佛教為立場，所以說：『佛道至高，以攝九十六外道之法攝之，免其惑世誣民；毋以十字刑枷，置祖宗神祇之上。』他曾經上書於其師顏茂猷，舉天主教的可患可憤者五條，請其著論闢之。他的《破邪集》中收羅了許多非教的文章如：張廣湉的《證妄後說》有『西人誣妄先師』的話；鄒維璉的《闢邪管見錄》有『譸張為幻，左道惑人』的話；釋普潤的《誅左集》緣起有『斬祖先之祀，亂秉彝之大倫，於是集緇素之文，以誅左道』的話。他的原意，欲鼓動佛教的聯合戰線，所以便引出許多和尚的作品如：普潤的《誅左集》，密雲的《辨天三》說，袾宏的《天說》，圓悟的《辯天說》，通容的《原道闢邪說》，如純的《天學初闢》……等類甚多。

此外如：王朝式的《罪言》，鍾始聲的《天學初徵再徵》，虞淳熙的《利夷欺天罔世》，林啟陸的《誅夷論略》，許大受的《聖朝佐闢》，李生光的《儒教辯正》，陳侯光的《辯學芻言》

等類，皆為非教有力的文字。他們非教的理由大約以破壞中國倫常為骨幹，以陰謀不軌為罪狀，故能喚起了許多人的同情。

第二次非教運動由楊光先首先發難，響應的人也不少；清廷敬因此下湯若望、利類思、安文思、南懷仁等於獄，以謀為不軌的罪狀將宣告死刑，同時各省教士都加以拘禁。官吏中有信教者革職處罪，天主教在此時幾乎完全撲滅。不意因為迷信地震為天之示戒，竟釋放被囚教士，放逐之於澳門，不多幾時又因召製鎗礮，得恢復其布教自由。這一次非教也是非常厲害，楊光先所著的《不得已輯要》中間有三篇〈闢邪論〉都是很有刺激性的文字。在錢大昕筆記中謂『戴東原嘗言，歐羅巴人欲以重價收買不得已而焚之。』這是不是事實？現在不得而知，不過在《不得已》中所載的幾篇文章確引起了極大的風潮。其駁斥教義的理由與沈榷等的意見差不多，中間自然有許多不情不實，捕風捉影的話，也是時代思想使然。最足以激動人的地方，就是說教士們的行動，都是含著不可測度的危險，包括於『謀為不軌』四字，於是帝王也受了激動，要撲滅他了。他們都以闢邪自命，究竟所欲闢之邪，一半是由於衛孔的熱心，一半是由於傳聞的誤會。在《不得已》書中所刊著的曾國藩《致威妥瑪》書與《湖南闔省公檄》中有許多可笑的話。曾書以孔教為立場，無非那一套用夷變夏的老調，但也寫得很有聲色；公檄舉匕妄十害，竟有取童精，剜目製藥，取黑棗，採紅丸……等罪名，這種謠言，在最近三十年前，還很普遍，當時人的智識如此，固不足怪。不過就文而論，比現在一般非教文章，實在還要高明得多。

這兩次的非教運動，是不是使天主教衰落的原因？那絕對不是的。天主教真正衰落的原因，乃起於教會的內訌。內訌的焦點，就是多美尼可派、佛蘭西司派與耶穌會派神學思想的衝突。耶穌會派自利瑪竇到中國來，迎合中國人的風俗習慣，即以崇拜祖先與尊敬孔子，認為無妨教旨，大開方便之門。而多美尼可派等則認為耶穌會教士的賣教求榮，便呈控於法王因諾曾十世，法王便斥耶穌會派的不當。耶穌會派，即派遣衛匡國赴羅馬申辯，適值新法王亞歷山大七世繼位之初，聽耶穌會派的解釋，認為適當。過一年，因諾曾十一的時候，為調停兩派紛爭的意見，用一種模稜兩可的話來解答：『如果這些儀式，不是當作偶像的崇拜，而是當作一種社交的方法，便可不必過問。』這種意見，不但不能滿足兩派的意見，反而增加了兩方的爭論。

這時在中國總轄教會的主教，名叫梅格羅（Maigrot）他也反對耶穌會派的主張，所以報告法王，說耶穌會報告與事實不符，法王克勒勉十一，發教書責耶穌會士的不當，並宣諭此後對神稱謂，不得用天或上帝需用天主之名。並遣主教鐸羅代表法王覲見中國皇帝，呈遞教書。康熙帝告以中國祀祖的意義，否認法王有規定中國教義之權。鐸羅見勢不佳，深恐清廷與法王發生糾紛，把法王教書匿不發表，想先令清廷承認他有總轄中國教會之權，逐漸使耶穌會派教士服從法王命令，這是他的一種權宜之計。但是康熙帝很右耶穌會派的主張，以為中國之天與基督教之神，是一而非二；中國拜孔祀祖，與基督教義並無衝突；基督教聖書，與中國經書可以融通；家中供奉祖先神位，非絕對的不可能；這即是耶穌會的主張。康熙帝便把這個意思布告全國教士，凡不遵從此意見的，立即放逐出國，所以當時因此被逐出國的教士很多，主教梅格羅也在其內。但是鐸羅所攜的法王教書，他既然不敢用法王的命令公布，卻用自己的名，取其精義，發表公布，謂凡不服從法王命令的，立即退出中國。康熙帝見了大怒，拘捕鐸羅，放之澳門監視，竟死在獄中。清廷又發一種居留證於教士，凡沒有這居留證的，不准居留中國。同時法王亦有相反的命令，謂凡不服從法王命令的，不許在中國傳教；並且為了要實行這條命令起見，派遣嘉祿主教到中國來。他見了康熙帝這樣的堅決，同時又聽了耶穌會教士的分訴，覺得法王的命令，很難實現，他就在法王教書的後面，加上八條調停的話，大旨說教會所行儀式，如果是純粹的社會儀式，不妨容納。這種讓步，原想得到兩方的諒解，豈知法王絕對否認，於是當時教士，便陷於進退維谷之勢。雍正繼位，適有教士參與八卦教陰謀嫌疑，於是閩浙總督滿寶奏請放逐外人，並禁止諸色人等信教，同時法王亦有解散耶穌會的命令，於是在中國有過一百九十年工作與二十萬信徒的耶穌會天主教，就此寂終正寢了。耶穌會雖已消滅，但別派天主教，仍得繼續活動，如拉雜利司派的在南北兩京，佛蘭西司可派的在陝西，密西翁司派的在四川，多美尼可派的在福建，葡萄牙教會的在澳門，可見天主教的傳教事業並未中斷，不過換了別派的人罷了。這是第三期基督教在中國的大概情形。

第三節　基督新教百年來的情形

甲　馬禮遜的來華　傳入基督新教到中國，誰都知道是英國馬禮遜，他是一八〇七年（嘉慶十二年）到中國的。當時從英國到中國來，只有東印度公司的商船，英國人都反對馬禮遜到中國來傳教，因為恐怕影響到他們的商業，所以不准他買票登輪；他既然不能直接到中國來，他就乘輪到美國，再從美國到中國的澳門（這是西人的居留地），跟著東印度公司中的書記叫士丹頓的，到了廣州，他努力於繙譯聖經的工作。因為他沒有到中國以前，曾經得到一個中國人叫容三德的，教他漢文華語；又在倫敦博物館裡得著一本漢譯的聖經，他就親手把他抄錄三十頁，容君幫助他抄到希伯來書為止，他就把他帶到中國，作為繙譯聖經的根據。當時中國官吏對付洋人，非常嚴厲，所以他在廣州佈道繙譯，很多不便，就在一八一二年退到澳門。澳門是在天主教勢力範圍之下，他所譯著的書，被天主教認為邪惡說，悉數焚燬。他又回到廣州，襄助商務，白天辦公，晚上傳教著書。他所著的第一本小書，叫《神道論贖救世總說眞本》，第二本叫《問答淺註耶穌救法》，第三本叫《古時如氏亞國（即猶太國）歷代略傳》，第四本《養心神詩》。因為廣州官吏嚴禁傳教印書，不得已將印刷工作遷到麻六甲，一八一四年有米憐教室到中國來，幫助他創辦印刷局於麻六甲，印成馬禮遜所譯的《新約》，並其餘所譯的書籍（馬氏是第一個把聖經譯成漢文的人，其完成這偉大的工作，是在一八一九年十一月廿五日，脫稿於廣州）。這一年在澳門收得第一個信徒叫蔡高，他本來是一個印刷手民，後來為天主教所陷害，死在監裡。越二年米憐在麻六甲收納第二個信徒叫梁發，做中國第一個宣教師，他的墳墓，現在還在廣州嶺南大學裡。馬禮遜在澳門譯完《新約》後又譯《舊約》，並著成《漢英字典》，這是中國第一部英文字典。他曾經到北京任英使館繙譯，不久即南回。第二年又收了一個信徒叫屈昂，後來在香港幫助李雅各辦理印刷事業。馬禮遜死於一八三四年，前後在中國工作二十七年，在譯者的方面，與前期的利瑪竇差不多，米憐也幫助他譯舊約，梁發也著了些佈道的《勸世良言》。當米憐在麻六甲的時候，創辦一個英華書院，這是教會創辦學校的起頭，後來李雅各做這個學校的校長。這是馬禮遜開創的第四期基督教的大概。

乙　基督新教的擴充

自馬禮遜以後，倫敦會繼續派教士來華；米憐至廣東，麥都思至上海，米憐之子米利尼志寧波，楊格非至武漢、天津，艾約瑟至烟台及北京，於是由粵而推廣到北方。李雅各曾把中國的四書五經譯成英文，這也是一件極大的工作。

一八三〇年，公理會有美教士裨治文至廣州，創辦英文報章，為中國有報紙的第一種。

一八三五年有葛蘭德女士在新加坡創辦女學校，一八四四年阿爾德女士創女學校於寧波，這都是中國有女學的起始。後來也逐漸推廣到福州、直隸等處。孫中山也在一八八三年在香港喜嘉理牧師那裡受洗。從此各教會紛紛派遣教士來華，禮賢會郭士立設教會於香港，王元深（即王寵惠之祖）是首先信教的一個。聖公會有駱君等由廈門而至上海，後來在一八五一年設學校於上海，即今之聖約翰大學。及至鴉片戰爭以後，開五口商埠，傳教士得乘此進入中國，自由傳教。但是這時候，對於教會，猶多疑懼，天津條約成立後，中國人民的觀念，漸漸改變，基督教遂得以盡量的擴充。於是先後來中國傳教的教會如長老會的擴充到北方，歸正會在廈門，浸禮會在寧波，美以美會在福州，聖道會在天津，內地會在杭州，基督會在南京，瑞華會在河南，信義會在湖北，英美會在四川，協同會在陝西，聖潔會在山西，遵道會在湖南，自理會在雲南……都次第建立，到現在多至一百三十餘不同的宗派，布滿全國，向內地四出布教，雖有小小非教風潮，卒賴條約的保護，一般人民，都敬而恨之。其間最努力於傳教事業，要算內地會的戴德生，他在一八六五年自動到中國來，並不受什麼教會的差遣，他穿著中國衣服，與中國人一同生活，用刻苦的精神，設立教會於杭州，後來推廣到南京、鎮江、揚州，以至於安徽、湖南、山西、浙江、蒙古、貴州……等處，其範圍為最大。他們的傳教士，都是勤勞耐苦，他們的教會，不分國籍，不分教派，也不勸募捐，全以信仰為基礎。五十多年以來，教徒有十二萬左右。從內地會開了這種刻苦傳到的方法，其他教會，都想效法他，於是傳教的風氣，為之一變。

當時傳教的方法，除注重在口講宣傳外，又皆注重於兒童教育，創辦男女學校，及主日學校。一部分創辦譯著機關，著作發揚教義的書籍及繙譯西洋科學，發行許多佈道小品。宣教士如馬禮遜、裨治文、李雅各、費來、衛三畏、丁韙良、狄考文等，在著作方面雖不比前朝的成績，但是影響到中國的學術思想者很大。例如花之安用中國的經書來闡明教義，李提摩太用佛理來解釋教義，林樂知介紹西洋學術，辦萬國公報，李佳白創辦尚賢堂，融通各教，以及其他創辦雜誌報章，組織天足會、濟良所，都對於中國的革新運動有巨大的影響。各處又創設醫院，療治疾病。辦理賑災事務及其他孤兒院、盲啞學校……等慈善機關，教會在各處漸漸取得人民的同情，信徒之數日益增加，及今統計，有四十餘萬之多，可以說發達到了極點了。

丙　反教的風潮　教會既日益發達，人品自漸漸複雜，內地教徒，往往有不良分子，借假教勢，為非作惡。同時天主教收羅許多下等遊民，結怨民眾，地方人民，皆飲恨側目，於是各處常有擾動情事。甚至殺害教士，拆毀教堂，外國政府乘機取得許多利益。每一次教案發生，中國便遭一次巨大損失；賠款租地，有好些是以教案為導火線的。又有一事，使民教互相水火的，就是教會所宣傳的教義，與中國固有的風俗習慣，發生絕大的衝突，好像反對崇拜祖先，與反對種種鬼神迷信，主張男女平權……都極端違反一般社會的思想。固執的人，認為是破話中國禮教，等於洪水猛獸，於是一般社會與教育有積不相能之勢。又見西教士的舉動，都疑心其別有作用，於是發生許多謠言，說他們是外國偵探。果然，也有不良的教士，把中國社會中的醜惡情形及國家內幕，報告到外國，影響到中國的國際地位。加以歷來從戰爭所受的損失，歸咎到教會身上；從此結怨愈深，乃發生庚子年義和團的暴舉。這原不能完全歸咎於教會，但是教會卻也不能辭其咎的。義和團之變，原是一種愚忠的舉動，北方教會受巨大的逼迫，教士教徒的被殺，不計其數。結果，八國聯軍攻入北京，清帝蒙塵，賠款講和，國在國際上又受莫大的恥辱。然從另一方面看來，教會卻因此得一良好的教訓，不良教徒，漸加淘汰，教會根基，更加穩固。中國人民對於教會，亦改換一種觀念，民教漸漸相安，這是從對風潮中所得的結果。

民國成立以後，思想自由，從不平等條約的問題，遷怒到教會身上，又發生非教運動；比較庚子年的一時暴動，更為有力。數年以來，教會日處在反對聲浪之中，工作幾陷於停頓（這一層下節當令說明）。但同時在基督教終因受了外來的非難，漸漸覺悟，從內部上加以整頓，主張創造本色教會，洗滌西洋色彩，以適合中國固有的國情，所以最近的幾年來，宗派思想的漸漸消滅，西國教士的漸漸卸責，教會的名稱漸改為『中華基督教』，自立自傳的聲浪亦日益高唱，教會學校亦漸向中國教育部註冊，這些都是從反教而來的影響。同時，我們看出在教會內部，有兩派思想的衝突，就是所謂新舊的戰爭。這雖然是教會歷史上從來不斷的爭衡，然而在中國卻是因時代的潮流而發生更顯著的現象。所謂舊派的大概受基要主義的影響，認聖經為上帝的話，每字每句都當確信不疑，聖經所記童女生耶穌，耶穌肉身復活，都是無可懷疑的事實。所謂新派，或者可以叫他理智主義，主張科學宗教相調和，所以對於聖經中一切不合理的智的記載，像基要派所奉為天經地義的東西，都認為是一種寓言或神話，不是事實，儘可以不去理他，只要注重在耶穌的人格方面。這兩派思想，中國教會中已經發見很顯著的衝突了。

丁　最近基督教的事業與影響　最近基督教，在中國還不到一百三十年，比較前三期還是很短，但是在這短時間內所成就的事業，卻已可驚了。現在我們從四部分來觀察：

（一）宣教方面：庚子的變動，是中國基督教在宣教方面一個大轉機；庚子以前，全國信徒的數目，祇有八萬五千人，庚子以後，數目的加增，是一個幾何級數，到現在不過三十年，已達四十餘萬人（天主教徒尚不在內）。這個調查，是否確鑿？卻不敢斷定；而且這些所稱為信徒的，是否忠實不含別種意義？也不敢說。不過人數的銳進是一件事實。其次則為教堂的普遍，無論在通都大邑，總有若干不同宗派的教堂，即窮鄉僻壤山陬海濱，亦莫不有一個小小的教堂，與宣教者的足跡。從前所詫為異教的，今則全國婦孺皆聞之嫻熟，可見宣教事業的銳進了。據一九二五年紐約社會宗教研究調查，在華西教士總數有七千六百六十三人，分駐在七百四十處，又據協進會在一九二五年的調查，全國天主耶穌較合併計算，教堂有一九二三一所，信徒有二三〇七四四五人，西職員有八六三九人，華職員亦相等，可見一斑了。初期基督教宣教工作，都由西國教士主持，最近卻從華人自己努力，進展的快速，也是為此。國內佈道會的組織，傳教於雲南、滿、蒙，自立教會的疊起，自負宣教的責任以及最近所發生的五年運動，隨在足以表顯華人努力宣教的精神，期能早達自立目的，脫離外國的經濟關係。

（二）教育方面：最初基督教設立學校，不過是為教育信徒的子弟，俾免受非教會教育的影響；也有些是專門培植傳教人材與教會學校教師而設。後來教育的範圍漸漸擴大，認教育可以輔助傳教事業，於是教會政策中，列辦理學校為傳教重大工作之一，所需經費比任何事業為大。教會學校的地進行，遂有一日千里之勢。據最近調查，全國教會學校，有大學十六所、中學二百三十一所、小學六千八百十二所，統計全國大中小學校學生總數有三三七七四四人。教會創辦學校，迄今已有八十年，其實在八十年前，已有香港的英華書院，在中國各省，首先辦理的學校，如福州的毓英女學、上海的聖約翰大學，以及寧波的育英義塾，與其他所辦的男女學校，開中國辦理學校的先河。當中國尚在通行八股試帖的時候，教會學校即教授英文格致等學課，從這些學校裡所造就出來的人材，成為中國政治上社會上的領袖人物，這原是不可抹煞的事實。不過原始教會學校以發揚教義為宗旨的意義，至今日認為不當，於是強迫的宗教教育，便為一般人所詬病，遂改變方針，列宗教為自由課程。最近因尊重中國教育部的主權，教會學校，次第立案，內容多所改變。但是教會學校以往的貢獻，足以影響到中國的學術與生活，自不能從歷史上把他抹去的。

（三）著作方面：譯著書籍為基督教傳教的入手工作。初期的著作，大概由西教主主持。繼則中西人合作，近且漸趨向於中國人獨立主持。馬禮遜翻譯《新舊約聖書》以外，《漢英字典》為最有貢獻之作，內含漢字四萬餘。他又著《英華文法入門》《中文法程》《五經四書擇要簡本》等書，皆為當時切合實用的著作，。在教義方面，他著了《新約歷史總綱》《讚美詩》《聖教問答》《天國之道》《公用禱文》等，共計大小作品凡十九種。

米憐助馬氏譯舊約並勸世文十五種，及聖諭廣訓註解，亦頗切合實用。

丁韙良在中國傳道五十年，曾與范約翰、林樂知等創辦中國聖教會，刊行《勸世文》《佈道小冊》《聖書註釋》等書。他所著的有《天道溯源》《邦交提要》《格物測算》《機器大業編》等。又受清廷之聘，任北京童文館館長，竭力提倡新學，灌輸科學智識。

倪維思亦著有《聖徒指南》《系統神學撮要》《宣道歸納》《兩教辯正》以及一部分的新約註釋。

此外如戴德生的《內地會小史》等，楊革非的《德慧入門》等，韋廉臣的《二約釋義叢書》

《格物探原》等，狄考文的《算學書》多種，當時箇學校皆採為課本。花之安的《自西徂東》《馬可講經義》《經學不厭精》，於中國經學有過精密的研究。林樂知有《五大洲女俗通考》《中東戰紀》《人學》等，並主編《萬國公報》。李提摩太的《泰西新史攬要》《萬國通史》《五洲史略》等等史學以外，又多闡教及新學之書，曾辦山西大學堂，其關係尤為重大。潘慎文亦著書十種，又且若干現存的西教士，主持五十年來的廣學會，為歷史最久的著作機關，在學術上有特殊的貢獻。當時那些西教士所著作的書籍，大都有中國人為之筆受。如蔡爾康、任保羅、謝洪賚、范子美等人，皆其著者。迄今西教士從事著作的漸少，一切著作事業，大都操於中國人之手。據《協和書局圖書彙報》分書籍為二十七類，約二千三百餘種，最近三年中出版書籍有二十二類，七百餘種。報章雜誌統計有一百三十六種，可見教會著作事業最近的銳進了。

（四）慈善方面：教會慈善事業中，莫先於醫院的設立。一八三六年彼得伯駕創醫院於廣州，為中國有醫院之始，一八六一年北京又設立教會醫院。庚子以後，醫院的設立更多，及今統計，全國教會醫院，大約有四百所，如北平的協和醫院，長沙的湘雅醫院，南京的鼓樓醫院，上海的仁濟、同仁……等醫院，舉凡通都大邑，莫不有教會醫院的設立。而且從教會培植出來的醫士，為數更不少，孫中山義為教會醫學出身的醫生。醫院以外，有孤兒院、盲啞學校、婢女學校、婦孺救濟會、華洋義賑會、天足會、紅十字會等等，莫不從教會發起創辦，漸與地方人士合作。因為基督教的第一要義，是在賙濟，所以對於一切慈善事業，都認為應盡的義務。

至於說到他的影響，也不是幾句話所能說了的；現在概括地說起來，最大的影響莫如破除迷信，新倫理思想，政治革命，社會服務，中西學術溝通的幾大端。基督教傳教的第一步，就是勸人不拜偶像，不拜祖先，不信鬼神等事，所以依受基督教思想影響以後，便從一切鬼神風水星相卜筮等等迷信中解放出來，甚至有侮辱偶像之事激起民眾的反對。其次，基督教的平等思想，予中國固有皆及倫理以大打擊。基督教講孝道不單是子的義務，父母也有責任。夫與妻尤為平等，而且反對多妻，不許娶妾蓄婢；男女平等，婚姻自由，提倡小家庭制度，使宗法社會失其根據。這種倫理思想，卻有非常重大的影響。說到政治革命，在表面看來與宗教毫無關係，實際上卻亦受平等思想的鼓動，泯滅階級，世界大同，為基督教的根本思想；一切社會問題、政治問題所掀起的風潮莫不出發於此。看世界各國的革命先例，與中國首倡革命的領袖皆富有宗教的精神社會服務，為百餘年來基督教所注重的一點，設義學以教貧寒子弟，辦醫院以療人疾病，一切對於社會公益的事莫不儘量實行，一般教士的注重下層工作，尤足以影響到一般社會思想。在中西學術溝通方面，我們從上文已經可以了解。再看初期基督教所用淺白的文字，白話的《聖經》不可謂非中國文學革命的先導。基督教的辦學校，教授科學，繙譯西洋書籍，皆足以影響到中國學術方面的改變。這些都是很顯然的事實，至於宗教思想方面，也是如此。

第四節　太平天國與宗教

甲　太平天國的興起　清廷以異族入主中國，用種種方法來消滅漢人的民族思想；但是潛伏在秘密黨會中的反清復明思想，並不因此而根本消滅。自乾嘉以後，滿人的威福日盛，國勢又日益衰弱，草野之間，往往有志士揭竿而起，以官逼民變相號召；有道光六年的貫州之變，十五年的趙城之變，雖經次第蕩平，然繼此而起的，幾於無年不有。最著者，如：天地會之於湖南，三合會之於廣州，潛滋暗長，大有此仆彼起之勢。彼滿人既不思根本改圖，反而驕縱自恣，專事壓迫，外交上遂著著失敗。鴉片戰爭後，門戶開放，國土日削，民生日敝。加以天災流行，饑饉頻見，卒至民不聊生，挺而走險，遂釀成洪楊之役，樹民族革命之旗，尤廣西而彌及全國。十三年命運的太平天國，事雖未成，亦足予滿人以重大打擊。記其事者往往目為寇逆，嘉以種種惡名，如《平定粵匪紀略》一書，記自道光三十年起至同治三年止，並附以《賊名邪說逆蹟瑣聞》四卷，都足為歷史參考材料。又如《太平天國野史》《太平天國外紀》等書，一方面見得滿州功狗片面的誇誕，一方面卻可以見得太平天國的聲勢。滿清的未遭覆滅已屬幾希。

太平天國的首領洪秀全，於嘉慶十七年生在廣東花縣，《野史》中有〈天王本紀〉一篇，載其自幼聰穎，喜研歷史，於歷代成敗興亡事蹟；尤為注意。曾應童子試，不第，或謂其曾為秀才。一日在路上遇一相面的人，告訴他『子非青紫中人，然貴不可言』，同時又遇一身穿明朝服裝的人，送他一本書名叫《規時良言》，共有九卷，有人說這就是馬禮遜所著的《新約聖書》；這本書或者就是他的革命動機。先是他曾與馮雲山同入朱九疇所創的上帝會，原來這個會陽以傳教為名，陰實圖謀恢復明室。後來朱九疇四了，他就被推為上帝會的教主，與楊秀清、李秀成等研究這本所謂《規時良言》，加增了他們的宗教熱忱。當時清廷對於一切祕密會社，嚴厲的取締，上帝會也自然在捕禁之列。所以他就逃到香港，投入耶穌會中，跟著英教士郭士立研究基督教道理。大約在這個時候，他正式入了基督教，所以他就到廣西去傳教，在鵬化山中，結合了許多同志，仍用上帝會名義，召人入教。稱耶火華為天父，稱耶穌為天兄，自己是天父次子。一方面創立保良攻匪會，練兵籌餉，揭竿之勢已成，為桂平縣令所捕，並搜得入教名冊，將處以死刑，卒為桂撫鄭祖琛所釋。到了道光三十年六月，遂起事於金田村，有眾萬人，兵皆蓄髮，與清提督向榮副都統烏蘭泰戰，清兵大敗。於是其勢大盛，建國曰太平天國，自立為天王，封楊秀清為東王，蕭朝貴為西王，馮雲山為南王，韋昌輝為北王，石達開、洪大全、秦日綱、胡以洸等皆封王列侯。清廷大震，遣兵討伐，皆失利，於是太平天國遂得由廣西北上，蔓延於江淮之間，而定都金陵。當秀全起兵之初，即以宗教約束軍隊，並詭稱自病中得上帝指示（紀中言其病死七日，有老者賜以劍印，語太荒唐），規定天條，禁止吸煙飲酒，纏足薙髮。

每七日舉行禮拜，悉依基督教儀式，其一切文告中，都舉天父上帝之名，宗教空氣非常濃厚。

乙　太平軍隊的宗教化

洪秀全既建立了太平天國，便用宗教來駕馭軍隊，他初出兵時那篇檄文，都帶著宗教色彩。開端數說滿人的罪惡，繼便說自己是奉天父兄之命來拯救人民，爾等官民人等，從前物為滿人所用，現在應該棄暗投明，作天聖之子女。並且天皇恩德高厚，果能敬天識主，莫不一視同仁。在這篇長凡五百言的檄文中，不獨充滿著民族精神，更是充滿著宗教思想，一則曰『天父天兄，命我眞聖主天王降凡御世』，在則曰『爾等官民人等，亦皆是天父之子女』，可見太平軍處處以宗教信仰號召，務使軍隊宗教化。故其軍隊，也都富含宗教精神，每遇戰爭，奮勇當先，絕不怕死，又非常服從，所以成功了精銳無敵的軍隊了。當他從金田村出發時，每戰輒勝，所向無敵，滿軍（即當時所謂官兵）一敗塗地，毫無紀律。使非借用外兵，滿廷早已傾覆了。這是太平軍用宗教精神來訓練軍隊的效果。

當太平軍要攻取一城一邑的時候，他們先派間諜去張貼許多布告，宣傳革命的目的。並且說道太平軍是稟承天父的旨意，來驅除滿族妖魔，拯救天父的兒女的，凡歡迎太平軍的，就可以出迷途而登天國。這一套話，頗能迎合一般人民所謂『眞命天子』的思想，所以每每軍隊還沒有到那個城，已經得了人民的歡心了。軍營中所定的軍律，尤其處處充滿宗教意義，如軍營規例中的第一條，便是『要恪遵天令』，第二條『要熟識天條讚美，朝晚禮拜，感謝規矩，及所頒行詔諭』等類，沒有一種儀式不是層基督教採取而來的。他們所說的天條，就是基督教的十條誡命：（一）崇拜皇上帝（二）不好拜邪神（三）不好妄題皇上帝之名（四）七日禮拜，頌讚上帝恩德（五）孝順父母（六）不好殺人害人（妻）不好奸邪淫亂（八）不好偷竊刼搶（九）不好講謊話（十）不好起貪心，這完全與基督教的十條誡命沒有兩樣。他們又在每條的底下附著一手極其通俗的四韻語，或者可以叫他是詩，像第一條底下說：『皇天上帝是眞神，朝夕禮拜自超昇，天條十款當遵守，切莫鬼迷昧性眞。』其餘各條底下，都有這樣的一首詩，這與現在基督教裡所歌唱的那些讚美詩，眞如兄若弟的。除了這十條天條之外，還有許多歌詞之類，要每個軍隊中人，背得很熟，否則便要處罰，或責打或處死。這是強迫的宗教，假使當時太平天國成功以後，這便成為國教無疑。

現在我們來看一看他們所用的宗教經典，有好幾種很通俗的東西，這些東西，是很淺近的，好像白話一樣。在貴族文學極盛的時候，竟有這種平民文學出現，也不能不說是一樁奇事。自然，在那些講究典雅的學士大夫眼裡，看是一種極俚鄙的東西，但是從平民階級方面看來，卻是一種普及思想的利器。這些東西，也許是從初期基督教教士們所譯著中採來的。他們所常用的，就是每禮拜要誦讀的有《新遺詔聖書》《舊遺詔聖書》。我們現在把《新遺詔聖書》的話來與《新約馬太福音》比較一下，完全是一樣的。第一章獎耶穌的譜系和耶穌的降生，以下每

章都與馬太所記相同，全書也是二十七章，這大約就是那本《規時良言》，是馬禮遜所譯的《新約》中之一。

還有一種《三字經》《幼童詩》，原來要把他頒發到民間，作蒙童的讀本的。《三字經》共有三百五十二句，自上帝創造天地起頭，一直敘到伊蘇為止，都是根源《新約》《舊約》的歷史編成的，與初期基督教所編用得三字經，毫無兩樣。所謂《幼童詩》是五言的，也是講到禮拜上帝的事，仿照從前幼童讀本《神童詩》的方法。另外還有一種叫做《天父上帝醒世詔》也叫《十全大吉詩》，是七言的，一共有十首，每首詩都用拆字的方法，暗藏著一個字，是很奇怪的，好像第二首說：『人字脚下一二三，一直不出在中間，為人不可起歪心，全敬上帝自無尤。』是暗藏一個『全』字，每首詩都是這個樣子。那時候在他們的文告中，經書中，有好些忌諱的字，像「丑」改作「好」字，「卯」字改作「榮」字，「亥」字改作「開」字。還有一種特別的名詞，像什麼「燈草」「放草」「寬草」「一條草」這一類，我初讀這種東西的時候，有些莫名其妙，後來纔想出「草」字是代替「心」字用的。究竟為什麼要這樣改法？看不出是甚麼意思，或者是由於廣東、廣西的方音罷！但也不敢斷定。

現在我們再來看一看他們的宗教儀式，他們的軍隊中，必定有一個禮拜的地方，他的軍隊駐紥到什麼城市村墟，都必建造一個宏大的板房於曠野之中，為房虛星昴四天禮拜之用。他們禮拜的儀式，一方面採取天主教的方法，一方面復參乙中國拜天的習慣，所以便成了一種特創的儀式。在堂的鄭中設了一張方桌，前面繫著一條繡花的紅桌幃，外面掛著一個幃幔，張燈彩，掛些楹聯畫幅，陳設鼎彝花瓶屏鏡玻璃明角燈之類，名曰天主桌，近於佛教的佛堂。惟不設香案，以其不燃香燭故，或設油燈兩盞。又設花瓶或帽筩，插尖角小黃綢令旗一面，桌前立長三尺的小竹版，上面寫著『奉天令』三個字，為戒責之用，這又好像衙門中的公案。桌後設坐椅若干，椅上各披椅衣，自三座至七座不等，看頭目與先生的多寡而定，禮拜時各頭目先生皆坐於其位。

禮拜的前一日，有人負著一面旗幟，鳴鉦行市中一周，一面口裡喊著明天禮拜，到夜裡三更時分，即開始禮拜，燃點桌上油燈，並供清茶三盃，飯三盂，肴三盤，鳴鑼聚眾，頭目先生各坐正中，餘皆環坐，齊誦讚美，然後先生跪誦章表，寫著全館（即全營）中的人名，誦畢焚化，這又好像道教的建醮形式。此後或講道理，以所供肴饌分享眾人。這是七日禮拜的大概情形，各館中都是這樣舉行的。平日義有兩次禮拜，即在朝餐和晚餐時舉行，也是鳴鑼召聚，像禮拜日一樣，不過稍微簡略一些，禮拜既畢，然後就食。這種儀式，後來漸成為一種具文，那些禮拜的人，心裡都覺得討厭，暗暗地咒罵，但是因為法令森嚴，無法規避。如果有人無病貪睡，聞鑼不到，必杖則數百板，三次無故不到的斬首示眾，所以心裡雖然不願禮拜，但卻不敢不到。

各王宮中也是有禮拜場所，陳設較為侈麗，凡遇禮拜，得向天廚中領取海菜及點心之類，為敬天之用。各館中雖不能領取，但亦必雜陳食物，遇喜慶事，都行此種禮節，盛饌取樂。一切事務，都以禮拜之期為標準。禮拜之外，很注重講道理，無論舉行何事，都必以講道理相號召，在講道理時，必向眾人演說如何敬拜天父，如何練習天情，如何熟悉天條；有時或講天父七日創造天地故事。我們所遇境地，都得天父照顧，萬事都由天父安排，不要懼怕，這一類的話，無非藉此激勵人心，服從命令。每逢出發打仗，或打仗回來，或勝或敗，皆要召集大眾，講道理，有時把打敗的罪孽，歸在一個人身上，說他犯了天條，至干天父之怒，就把他當眾處死。要治一個人的罪，也用這種方法辦理，天王自己也有錯，也要當眾受杖，這種方法，當時很有效果的。

太平天國十三年中，全在軍事時期中一切法令，都照軍法，輔之以宗教。所以當時在宗教組織上，也很簡陋。後來洪人玕從英國回來，才把宗教制度改良起來，規定凡二十五家為一教區，設天主教一所，有一教士管教務，合數教區設一牧師長，在縣有縣牧師，在省有省牧師，這些牧師大概是地方長官兼任的。這可以見得政治軍事都是宗教化了的。

丙　太平天國的失敗　太平天國舉義之初，勇氣百倍，紀律嚴明，全國三分之二，盡為所佔不意自定都金陵以後，既有諸王的內訌，復苟且偷安，不知進取，卒至漸漸衰落，以致滅亡。

推究其原因，雖非一端，但宗教上的關係，卻是很大。藉宗教之力而興，也是因宗教之故而亡，我們可以在這裡說明一下：

（一）天主教的反對。洪秀全起初所組織的上帝會，原是取法於天主教，因為那時候的天主教還是傳布很普遍，所以他所採用的宗教儀式，大半是摹仿天主教的。後來他又受耶穌教的影響，反對天主教的偶像，不崇拜首先所注重的毀滅一切偶像，不得當時佛道教的偶像，盡被毀壞，即天主教的聖母像等也為他所蹂躪。天主教徒於是便深加仇恨，報告到羅馬教皇和法國政府，竭力詆毀太平天國，認為是破壞教會的亂黨，要求法政府派兵保護。於是法政府和英政府都聽信天主教士的話，先後派兵來幫助清政府平亂，所以太平天國在軍事上受了很大的打擊。

（二）耶穌教的反對。太平天國的宗教，既不是純粹的天主教，也不是純粹的耶穌教，各取其所長，更羼以中國的宗教儀式，成為一種新的宗教。於是那些在華的西教士，都認為是宗教上的叛逆，加以反對，也各向他們的本國報告，說許多壞話，各國政府對於太平天國，就產生了懷疑。雖然也有贊成的人，究竟敵不過那些反對人勢力，到底受了很不好的影響。我們看見在郝姆士的《南京遊記》中有一段說：『洪秀全不是一個詐騙者，也必是一個無知識的狂徒；從他的人，都是些危險分子。他的組織，無異於一群盜匪，擁戴他做盜匪的頭兒罷了。』這篇遊記由英公使轉呈到英政府，英政府就信太平天國是一群亂黨，故毅然地派兵幫助清政府攻打，都是這些教士反宣傳的緣故。但是林利氏在《太平天國外紀》中卻說了幾句公道話，說道『基督教在中國三十年中，僅得千四百信徒，今太平天國一旦有七千萬信徒，而歐洲教士，不知加以扶助教導，其外交官且禁止教士入太平境，此其顛倒之甚者矣。』又說：『太平之宗教戰爭，不背上帝之誡，而歐洲教士之至支那者，未能扶助此宗教之革命，如維多利亞主教，如約翰……等，皆未嘗反對太平，獨郝姆士等，則狂詆太平，不足與言傳教矣。』林氏這種觀念，不為無見，假使當時教士能扶助此種革命，則太平天國必不致失敗或不致失敗如是之速。

當時有一個美國人名叫白齊文，他鑒於太平天國的宗教信仰，竟表示非常的佩服，他特地從清軍中出來，投身到太平軍中，為之計畫軍事。他曾經說：『鋒鏑之中，乃能篤信宗教，不失儀節，其道德自當高出清軍，吾何憒憒，乃為虎作倀，憑利器而殺上帝之信徒哉！』於是他便在神前懺悔，誓致忠於天國，後竟為太平天國而死。可見西人中贊成太平軍的，也大有其人，可惜各國政府受一般反對者的矇蔽，卒把太平天國推翻了。

(三) 一般人民的反對。太平軍的革命，不獨在種族方面，也連帶及於宗教及社會。他那種毀壞偶像，與不崇拜祖先的舉動，要推翻中國數千年來牢不可破的積習。太平軍領袖，大都痛恨中國固有的迷信和風俗，所以凡太平軍所到之處，廟宇偶像，無一倖免。起初，人都知道太平軍是純粹的種族革命，所以十分歡迎；那知到了南京以後，卻變成社會革命，連一切宗教上的遺傳，都用激烈的手段去破壞。不但如此，凡一切習慣和風俗，都要澈底的加以改革，如：禁止纏足、改用陽曆、實行共產，都足以引起舊社會的反抗；所以後來的人民，不但大失所望，更是起了仇恨的心。說者謂這是太平軍操之過激的緣故，其實是一般社會程度的幼稚；滿清政府便得利用這種社會的弱點，從舊禮教舊宗教方面去鼓動人民反抗，普通人民，便墮其術中，使垂成的太平革命，仍歸失敗。但是話又須回過來說，太平軍以破除迷信為前提，而他自己所舉行的宗教儀式，仍舊是一種變相的迷信，想要利用宗教做手段，來達他的目的，那自然要失敗的；而且這種強迫的宗教方式，即使成功，也毫無用處，遲早也要引起人的反抗的。所以從太平天國的本身上看，他們太把宗教當作一種工具，這是他們失敗的最大原因。

第五節　宗教思想的變遷

甲　祕密社會中的宗教　我們在這裡提起秘密社會，並不是承認社會在宗教上有甚麼特殊的貢獻，並不是承認祕密社會中的宗教性，又甚麼影響到現代宗教思想的變遷；因為這個問題很少有人研究，而且也不容易研究。不過他在宗教方面，確有一種關係，在研究中國宗教思想的範圍中，似乎也應當提到的。既然這樣，我們不知道應當把他放在甚麼地方，不過他是近時代的產物，尤其是在清朝起頭的，包含著民族思想在內，所以我們就把他放在這一節裡。

現在我們先應當知道祕密社會產生的原因和他的種類。我們知道一切祕密會社，莫不帶著政治的臭味，他們用低級社會的宗教思想，來聯絡起一般同志，祕密地進行政治活動。孫中山在三民主義裡說：

『明朝遺民……在沒有能力可以和滿州抵抗，就觀察社會情形，想出方法來結合會黨。……知道不能專靠文人去維持民族主義，便對於下流社會和江湖上無家可歸的人，收羅起來，結成團體，把民族主義放到那種團體去生存。……好比在太平時候，富人的寶貝自然要藏在很貴重的鐵箱裡頭；到了遇著強盜入室的時候，主人把寶貝藏在令人不注意的地方……或者要投入極汙穢之中。……故明朝遺老，想保存中國的寶貝，便不得不把他藏在很鄙陋的下流社會中。』

這是很明白地講到祕密會社的起源。現在講到他的種類罷！歷史最久的，要算『白蓮會』，相傳產生於元朝的起初，因為那時候宋室滅亡，欒城有個韓山童，借著他祖父所立之白蓮會，用佛教念佛的名義，號召了許多人，圖謀恢復宋室，以紅巾為號，一再起兵。後來也稱為白蓮教，清乾隆的時候，教首劉松及其徒劉之協等，一再謀叛，嘉慶時有李文成、林清賄通內監劉金等圖謀起事，雖然沒有成功，可見這種團體，是政治革命的團體，用宗教名義來聯絡的。白蓮會外，尚有各支派：什麼順刀會、虎鞭會、義和拳、八卦教諸名目。八卦教中又分什麼大乘教、金丹八卦教、義和門、如意門、離卦教、坎卦教等，名目繁多。後來反對基督教的義和團，也稱大刀會的，就是白蓮會分支中之一。還有小刀會、理教，都是白蓮會支流。白蓮會諸派，都付託宗教儀式，故可以說是祕密的宗教。

其次為天地會，起源於少林寺的和尚，在康熙時從軍有功，為廷臣陳文耀所忌，謀殘滅之。僅存蔡德忠等五僧祕密結合，圖謀報復，就成為這天地會，這五僧就是他們的祖宗，稱為五祖或五虎的。也有人說這就是三合會，或者叫三點會、洪門會，其分支有清水會、匕首會、雙刀會等名目。三合會成立於康熙十三年，乾隆末，臺灣林爽文的叛亂，與道光時兩廣、湖南猺族的叛亂，皆由三合會發動，閩廣最盛。後世多以洪秀全為三合會頭目，實則不然，洪秀全乃上帝教，但是很容納三合會的。上帝教是基督教，三合會是佛道教，所以不同。在廈門的支會叫匕首會，是新嘉坡人陳正成創設的。革命黨鄭弼臣係三合會頭目，於光緒二十六年與興中會中的規約，都帶宗教意味，崇拜唐太宗，也拜上述天地會的五祖。有戒條與太平天國的天條差不多。

還有一種叫哥老會，或者叫哥弟會，在乾隆年間成立的。分紅幫青幫，紅幫或稱為洪家，專門襲刼不義之財，李鴻章經湘水時，曾為所刼。青幫就是安慶的道友會，大概是鹽梟光蛋，也有稱潘家的。此外有所謂黑幫白幫，即江湖上拐騙竊盜一流，散布在下等社會中。其初宗旨，與三合會相同，主張反清復明，後來變成排外團體，失去了原來宗旨，經孫中山的聯絡，得復踐其民族革命的原意。馬福益就是其中的首領。孫中山初創興中會，首先聯絡這些會黨，所以在最初的革命人才中，有好許多是會黨中人，那時的興中會、同盟會、光復會等等，均在禁止之列，及至民國成立，始正式公開，組織共進會等。後來漸漸地變成為政黨了。上述種種黨會，起初皆用宗教面目，內部也有好許多是用宗教的意義來聯絡的，而且也富含著宗教的信仰，或者運用這種信仰到主義上去。詳細情形，有中國祕密社會史可以參考。

還有幾個宗教性更濃厚的結社，也帶一些秘密性，如一種叫做『理門』的，也叫做『理教』『白衣道』，信教的人教做『在理』。他們很注意禁吃煙酒，現在他們向政府立案，已經公開了，但當時確是秘密的。他們有兩個開創的祖師，一個叫楊祖，名教萊如，字存仁，後人誤叫他羊誠證，山東即墨人，明末的一個進士，是龍門派的道教出身。一個叫尹祖，名叫岩生，乾隆初年生於天津科牛村，受道於楊祖，熱心濟世，就在邵公莊設所傳道。這是在他們的尹祖歷史裡的話。嘉慶時白蓮教反亂，理門也有同派的關係，就在捕禁之列，各處公所都被封毀。光緒九年，御史李璲曾經有一個奏章，說到『理門以戒人吸煙飲酒為名，互相傳引，人數眾多，聞係白蓮教變相，教首即在天津，請飭密拿』等語。可見一斑了。

理門在宗教方面，脫胎於佛道兩教，他們公所中供奉金身老佛爺，就是觀音；樓上設楊祖、尹祖偶像，前殿有彌勒佛、韋駝像，很像廟宇的山門。每逢朔望，社員必到堂焚香禮拜，一年有六個大齋期，儀式也很隆重，除焚香拜禱外，也演說『禁煙酒』『修道德』等問題。要入教的人，必須經過幾種手續，引見、虔求、保證，然後准許入教，授以『五字八戒』，這五字八戒，不能洩漏給外人，必須在觀音面前宣誓。還有許多見面的規矩，他們在茶肆中遇了同教的人，可以用茶壺茶盃排成許多方式，表示他們的意思，同教的人一看就知道：有理門系統全書及理鐸報可以得其大概。

又有所謂『悟善社』的，也稱『世界六聖宗教大同會』。在民國四年間四川人唐煥章創設的。混合儒、釋、道、天主、耶穌、回回六教的意義，做成他們信仰的根據。唐氏自稱第七大教主，刊有霹靂一聲雷、大刼臨頭等書，來恫嚇愚民，於是加入者很多。入社手續，亦很繁複，先須到神前叩首三次，每叩九首，然後跪著宣誓，有什麼『功夫誓願學，秘奧誓不洩』等話，再須叩首九次，方可入社。入社之後，必須介紹社員，以介紹人數的多寡、功德的大小。能介紹三十人，則可稱為上帝的兒子。從四川起頭，蔓延到北平、南京、江蘇、山東等處，有他們公開的機關。他們很注重掩埋屍骨的一件事，常常雇了工役，替人家修理坟墓。他們內部的修練工夫，非常奇怪，近乎荒謬。

『同善社』有一些相同的性質，大約在民國十年左右，由江朝宗那一般人發起的。以研究精神生活為號召，實在含著政治的意義。比較悟善社高明一些，悟善社是流行在下級社會裡，同善社是流行在上流社會裡，他們也以三教混合的意義來號召，供著釋迦、孔子、老子的畫像，一切陳設悉仿道院佛廟的樣式。入社不很容易，也要經過許多叩頭禮拜等事。很注重『靜坐』的工夫，從靜坐可以悟道，可以卻病延年，可以長生不老。當時信仰的人很多，而且公開的傳佈，也有婦女入社的。個中也有許多秘密，不許向外人洩漏的，若洩漏了神秘便要遭五雷擊打。

還有什麼『道德社』、『大同教』，山東省最盛，說山東有一個姓張的神童，曾經著了許多書，解釋禮運的大同及大學等書。也以三教混合，與五教混合，認釋迦、孔子、老子、穆罕默德、耶穌為教主，者幾種大略相同。

還有一種叫『道院』，大約是變相的道教。在民國八九年的時候，發生於山東、濟南，用扶乩的方法，引入信仰。並且揭櫫所謂大同胞主義，以為世界各宗教，皆可融合。所以無論信仰合種宗教，皆可自由。他們用扶乩術治疾病，卜吉凶，迷信得很厲害，軍政商學各界的人都有，在山東、直隸、江蘇等處設立的機關很多，全國有百數十個，頗受一般迷信人的歡迎。

尚有許多我們不能知道的會社，我們無法可以調查了。這些東西，大都含著秘密的性質，是一種變相的宗教，所以教他祕密宗教，也無不可。不過這些秘密宗教，統統是立腳於迷信，以宗教大同為號召，到現在還是很盛行，實在是宗教思想中最低下的東西。梁啟超在《評非宗教同盟》裡有過一段話，說：『現在瀰漫國中的下等宗教，就是我所說的拿信仰做手段的宗教，什麼同善社呀，什麼悟善社呀，五教道院呀，實在猖獗得很……他的毒害，是經過各個家庭，侵蝕到全國兒童的神聖情感……或者假借這種信仰還做手段，所以復辟派首領，打復辟派首領，洪憲派首領，革命派首領，鬍匪首領，可以聚攏在一齊幹事；所以和尚廟裡頭會供財神，呂祖、濟公的乩壇，日日有釋迦、耶穌來降乩說法。』這是寫盡了當時一般下等宗教的現象。

乙　科學思想與宗教

討論科學與宗教的問題，不知道有多少人發表過意見：有認科學與宗教是不相容的、科學發達，宗教必定破產，同時宗教發達，科學便不會進步。有認科學與宗教是可以調和的，他們倆都是以尋求真理為目的，歷來有多少科學家是信仰宗教的，所以見得並不衝突。這兩方面的意見，我們現在不必去討論他；我們單從中國最近所發生的現象來觀察一下，見得中國現在的宗教思想，從科學思想方面受了甚麼影響。

首先應當研究的，就是中國從科學輸入以後，影響到一般人的思想的是什麼？很顯而易見的，就是科學思想給予我們以價值的重估，無論對於甚麼問題，都要叫我們問一問為什麼？這『為什麼』三個字，是掀動了中國人安定的思想，對於一切古來的遺傳，社會的習慣，以及關於生活的種種問題，都得要找證據來證明他的價值，用理智來把他分析一下。這樣一來，從前可以模模糊糊過去的事情，現在就行了，從前可以人云亦云的相信，現在卻看見他的盲從和矛盾了。新文化運動所給予我們的，就是這一點，就是使我們知道生活科學化。生活原是包含得很大，宗教也是生活中的一部分，對於歷來遺傳的宗教思想，自然也須要問一問為什麼了。中國固有的天鬼崇拜，經不起這麼『為什麼』的一問，便要根本的動搖起來。天是什麼？鬼是什麼？拿證據來，無論怎樣答覆，終是落到玄妙的範圍。假使用天道福善禍淫的老調來證明，但是世界上有許多善不福淫不禍的又是什麼緣故呢？假使用力史上鬼能索命因果報應來解脫，放在心理學的爐裡一治，卻完全化為烏有了。所以科學一來，那些神秘的迷信的不能用理知來分析的種種宗教思想，就完全沒有立足的餘地了。

中國數千年遺傳下來的社會思想，甚麼問題，都帶著些神秘的色彩。個人生活的窮達，向來都以為是『死生有命，富貴在天』的，而科學思想則示人以死生無常，富貴在己；從神秘的天命說裡解放出來。婚姻是月下老人所支配，必須聽命於求籤問卜，而科學思想則告訴我們男女結合，是終身幸福的關係，必須憑自己慎重選擇；便從神秘的因緣說裡解放出來。疾病是神鬼的作祟，向以為祈禳巫覡，消災求福可以獲愈，而科學則示人以衛生求醫；便從神秘的獲福說中解放出來。推諸其他一切屬於神秘的問題都一樣地給那位賽先生（Secience）衝破了，所以科學思想唯一的功效，就是破除迷信。舉凡一切社會上的醫卜星相、風水命運，自然沒有存在的價值了。

但是迷信是不是即是宗教？宗教是不是完全迷信？現在相信科學萬能的人，沒有把他仔細的分析；所以要破除迷信，先須打倒一切宗教，因為宗教盡是迷信，這是現在青年人思想中的一般趨勢。據我們的意見，迷信必須破除，宗教不一定要打倒，而且也不必打倒。為什麼呢？迷信雖然是由宗教產生的，但卻不是宗教的本質。好像一柄刀，原不是用來殺人的，但確有人把刀來殺人了；刀與殺人，自然是相連的，我們不能因為他能殺人，連刀也一併把它消滅。刀果然消滅了，那末，就可以沒有別種殺人的東西嗎？科學也是這樣，他能利人，但也能殺人。這是很顯然的，迷信是宗教的產物，卻不即是宗教。因為宗教另有超越的意義，決不是科學、美育所能替代的。屠孝實說過：『人生的實際，不是僅僅裡治一方面，感情的活動，意志的活動，也很占了一大部分。人生全體的發展，一定要各方面調和起來方能有望，決不能單從一方面進行。』又說：『在十九世紀的後半葉，歐美科學上的進步很快，各種重要的發明，接二連三的出現，大家高興得不得了；因此發生了一種科學萬能的思想，當時人以為哲學是空談，宗教是迷信，只要有科學就夠了。……到了後來，得著個實現暴露的悲哀。他們失去了理想的光明，覺得優勝劣敗、弱肉強食是人類的命運。宇宙之間，只有盲目的物質勢力，毫沒有人類精神自由活動的餘地；我們試看這種人生觀裡，除了殘酷、冷淡、凶暴、自私、悲傷、煩悶、恐怖、失望等黑暗光景以外，還有什麼？』這是替我們說得很清楚，使我們覺得宗教不能從人類生活中除去的，也不是用什麼東西來替代的。信仰科學萬能的人，想把科學來替代宗教，同時有信仰美育的人，想把美育來替代宗教，信仰主義的人，想把主義來替代宗教，我們都認為是不可能的。科學重理智，美育重感情，主義重意志，都不過是整個生活中的一部分，絕不能用一樣來替代三樣的。那種活活潑潑的精神情緒，赴湯蹈火，摩頂放踵的精神，除了宗教以外，沒有別的東西，可以把它維繫的。但是宗教雖然屬於感情的，同時也運用理智去估定他的信仰，運用意志來實現他的信仰。這樣，宗教與科學，是互相為用而必須並存的，不過宗教是先信後證，科學是先證後信的不同罷了。

中華宗教叢書
中國宗教思想史大綱

1912

作　　者／王治心　編
主　　編／劉郁君
美術編輯／中華書局編輯部

出 版 者／中華書局
發 行 人／張敏君
行銷經理／王新君
地　　址／11494 臺北市內湖區舊宗路二段181巷8號5樓
客服專線／02-8797-8396　　　傳　　真／02-8797-8909
網　　址／www.chunghwabook.com.tw
匯款帳號／華南商業銀行　西湖分行
　　　　　179-10-02693-1　中華書局股份有限公司

法律顧問／安侯法律事務所
印刷公司／維中科技有限公司　海瑞印刷品有限公司
出版日期／2015年臺七版
版本備註／據1986年4月臺六版復刻重製
定　　價／NTD 378

國家圖書館出版品預行編目（CIP）資料

中國宗教思想史大綱 / 王治心編.-- 臺七版.--
臺北市 : 臺灣中華, 2015.04
面 ;　公分. --（中華宗教叢書）
ISBN 978-957-43-2339-5(平裝)

1.宗教史 2.中國

209.2　　　　　104005048

NO.C0002
ISBN 978-957-43-2339-5